Die souveräne Führungspersönlichkeit

Ratgeber für Rastlose

Helmut Martin Großkopf

Die souveräne Führungspersönlichkeit

Ratgeber für Rastlose

RESCH VERLAG

Bibliografische Information Der Deutschen Bibliothek
Die Deutsche Bibliothek verzeichnet diese Publikation in der Deutschen Nationalbibliografie; detaillierte bibliografische Daten sind im Internet über http://dnb.ddb.de abrufbar.

1. Auflage 2002

Lektorat, Satz: Frank-Michael Rommert, Lohmar. www.rommert.de
Umschlag: Karsten Kordus/Buttgereit und Heidenreich, Haltern
Umschlagfoto: zefa visual media gmbh, Düsseldorf
Grafiken: tempus. Zeitplansysteme sowie simplify your life®
simplify your life® ist eine eingetragene Marke der VNR Verlag für die Deutsche Wirtschaft AG, Bonn. www.simplify.de
Layout: Sascha Müller-Harmsen, medienbüro Frank-Michael Rommert, Lohmar. www.rommert.de
Druck, Bindung: Westermann Druck Zwickau GmbH, Zwickau
Printed in Germany
ISBN 3-935197-27-6

Inhalt

Dieses Buch ist gewidmet
den Freunden des 31. Generalstabslehrgangs der Luftwaffe
und meiner Ehefrau Andrea,
die mir in guten wie in schlechten Zeiten
immer souverän zur Seite stand.

Vorwort

Wie lernfähig sind Sie?

Was Gründer, Unternehmer, Selbstständige und Führungskräfte auszeichnet, ist weniger ihre lange Erfahrung als ihre permanente Lernfähigkeit. Die Märkte und damit die Anforderungen in den Betrieben ändern sich heute so schnell, dass Sie sich kaum erlauben können, einen Fehler zweimal zu machen. Man braucht den Blick für das Wesentliche – Erfahrung kann man sich aneignen, Lernfähigkeit muss man einfach mitbringen.

Erfolg allein macht nicht glücklich

Daher erstaunt es, dass die Lernbereitschaft für den eigenen Arbeits- und Lebensstil häufig gering ausgeprägt ist. Sonst wären nicht so viele Verantwortungsträger in Wirtschaft und Gesellschaft überlastet und mutlos. Selbst bei wirtschaftlichem Erfolg sind Führungskräfte immer häufiger unausgeglichen und unzufrieden. Ihre Sorgen lassen sie nicht mehr schlafen. Obwohl Erfolg schön ist und ein Hochgefühl verleiht, macht er auf die Dauer nicht glücklich, er erfüllt eben nicht. Wirtschaftlicher Erfolg bringt zudem viel Stress, Neid, eine Menge Konflikte und viel Einsamkeit mit sich. Inneren Frieden und Erfüllung bringt er jedoch nicht.

Finden Sie zu einem erfüllten Leben

Das vorliegende Buch zeigt Wege auf, wie wirtschaftlicher Erfolg und Zufriedenheit mit einer ganzheitlichen Lebensweise verbunden werden können, in der Körper, Geist und Seele sowie persönliche Beziehungen gleichermaßen berücksichtigt werden. Es macht Mut, das ganze Leben aktiver und sinnvoller zu gestalten. Dabei merkt man jedem Kapitel die Praxisnähe und Umsetzbarkeit an.

Ich habe den Autor als engagierten Unternehmer und Christ bei den Konferenzen für christliche Führungskräfte kennen gelernt. Als solcher gibt er mit diesem Buch seine langjährige Berufserfahrung Nutzen bringend an die Leser weiter. Ich empfehle Ihnen diesen Ratgeber für Rastlose.

Bonn, im September 2002 — Norman Rentrop, Verleger

Einführung

In den letzten fünfzehn Jahren meiner Selbständigkeit als Seminarleiter und Coach habe ich viele tausend Führungskräfte in meinen Seminaren und mehrere hundert Klienten im Einzelcoaching betreut. Dieses Buch versucht, die Erfahrung aus der umfangreichen Beratungs- und Schulungspraxis nutzbringend für den Leser aufzubereiten.

Was machen Sie falsch?

Immer wieder habe ich festgestellt, dass Führungskräfte eigentlich wissen, was sie falsch machen, aber unklar bleibt, was sie ändern können. Geht es Ihnen auch so? Sie ahnen zumindest, dass Ihr beruflicher Erfolg auf Kosten der Gesundheit und der Familie erzielt wird? Ihre persönlichen Interessen und Wünsche stellen Sie immer hinten an – und trotzdem gehen nicht nur die privaten Spielräume verloren, auch die beruflichen werden immer enger? Der Berufsalltag wird bestimmt von Kunden, Vorgesetzten und den Kollegen in der Projektarbeit, aber auch von „Sachzwängen" aller Art, die keinen Platz mehr für Eigeninitiative und Selbstverwirklichung lassen? Die langfristigen Ziele und Interessen werden immer häufiger den Tagesaktualitäten geopfert? Permanentes Krisenmanagement lässt Ihnen keine Zeit für strategische Aufgaben?

Wenn der Sinn schwindet

Planung erscheint vielen sinnlos in einer kurzfristigen Welt, daher bestimmt Improvisation den Tagesablauf. Arbeitsfreude droht verloren zu gehen, Motivation und Power leiden, ja, der Sinn der Arbeit ist zeitweise nicht mehr zu erkennen. Die klassischen Methoden des Zeitmanagements versagen. Sie arbeiten bereits zehn oder zwölf Stunden am Tag und nehmen oftmals Arbeit für den Abend oder das Wochenende mit nach Hause.

Managerbeschwerden

Typische Managersymptome sind bei Ihnen vielleicht schon zu erkennen: Neben dem allgemeinen Stress und der damit verbundenen Unfähigkeit zu entspannen, sind es vor allem unregelmäßige Ernährung, zu viel Sitzen, Verdauungsprobleme oder Magenleiden, Rückenbeschwerden aller Art und natürlich Herzkreislaufprobleme. Hinzu kommen – besonders bei Frauen – Migräne und Nackenschmerzen.

Erweitern Sie Ihren Blickwinkel

Hier ist es höchste Zeit, dass Sie einen Paradigmenwechsel einleiten. Betrachten Sie Ihr Leben nicht nur aus der beruflichen Perspektive, sondern aus einer ganzheitlichen, die Körper, Geist und Seele sowie Ihre Beziehungen mit einbezieht. Wenn Sie diese Vitalbereiche dauernd vernachlässigen, werden Sie über kurz oder lang auch Ihre berufliche Leistungsfähigkeit verlieren. Entwickeln Sie daher einen strategischen Umgang mit Ihrem Leben.

Entwickeln und leben Sie ein neues Konzept

Neben einem neuen konzeptionellen Ansatz, der Ihre langfristigen Ziele für alle Lebensbereiche definiert, müssen Sie an einfachen Grundsätzen arbeiten: Es gilt, sich viele Selbstverständlichkeiten – ja manchmal Banalitäten – bewusst zu machen und in entsprechende Gewohnheiten umzusetzen. Ob es sich dabei um ausreichende Bewegung, um konsequente Tagesplanung oder einfach um die Pflege von Freundschaften handelt – es sind gerade die Selbstverständlichkeiten, an denen Führungskräfte heute zu scheitern drohen. Die eigentliche Herausforderung heißt: Entwickeln Sie mehr Selbstdisziplin!

Was Ihnen dieses Buch bringt

Dieses Buch will Sie wachrütteln und aus dem gefährlichen Trott herausreißen, an dessen Ende häufig der Herzinfarkt, die innere Kündigung oder die Zerrüttung der persönlichen Verhältnisse stehen. Es zeigt Ihnen auf, wo Ihre Probleme sind und wie Sie Gegenstrategien entwickeln können. Es schafft eine innere und äußere Veränderung, in dem es Ihnen erklärt, wie Sie mehr Gleichgewicht und Gelassenheit in Ihr Leben bekommen. Es hilft Ihnen bei aller beruflichen Hektik, die Übersicht zu behalten und Ihre langfristigen Ziele und Interessen zu verteidigen.

Es weist Wege auf, wie Sie mehr Sicherheit in den täglichen Entscheidungen erlangen und souverän – ja spielerisch – mit den Spannungen eines arbeitsintensiven Lebens fertig werden. Ihre Suche nach dauerhaften Werten und tragendem Sinn wird unterstützt. Sie lernen, proaktiv Ihr berufliches und privates Leben zu gestalten und so aus dem Teufelskreis herauszukommen, der Sie immer nur reagieren und fremdbestimmt leben lässt.

Aufbau des Buches

Das Buch ist in drei Teile gegliedert:

I. Grundlagen der Souveränität
II. Praxis der Souveränität
III. Grenzen der Souveränität

Der *erste Teil* legt die konzeptionellen Grundlagen: Sie finden Hilfen, Ihr Leben zu analysieren und ins Gleichgewicht zu bringen sowie wertvolle Ziele und neue Prioritäten zu setzen.

Der *zweite Teil* ist der Praxis gewidmet: Dort geht es darum, wie Sie Ihren Alltag klüger planen, Souveränität nach innen und außen leben und wie Sie Ihre Leistungsstärke erhalten.

Der *letzte Teil* beschäftigt sich mit den Grenzen der Souveränität und zeigt Wege auf für den Fall, dass der Erfolg ausbleibt. Das Buch unterstützt Sie dabei, selbst mit Lebenskrisen souverän umzugehen, und zeigt auf, wie Sie Coaching für die eigene Persönlichkeitsentwicklung nutzen.

Aufbau der Kapitel

Die insgesamt zehn Kapitel bestehen jeweils aus sieben Unterkapiteln mit einer kurzen Zusammenfassung am Ende und einigen Literaturhinweisen. Die Unterkapitel umfassen dabei jeweils einen eigenständigen Gedanken. Mit Fragen und Denkanstößen werden Sie zum Vertiefen des Stoffes eingeladen. Schließlich finden Sie je einen konkreten Ratschlag für die Praxis.

Lesen und leben

Sie können das Buch von vorne nach hinten lesen oder aber jedes Kapitel oder Unterkapitel unabhängig voneinander – je nach Ihren Interessen oder Problemen. Sie finden häufig Querverweise, so dass aus vielen Mosaiksteinen ein persönliches Gesamtbild entstehen kann. Das Buch können Sie hervorragend in der Bahn, im Flugzeug oder als „Gute-Nacht-Lektüre“ lesen – am besten jeden Tag ein Unterkapitel. Wenn Sie Schritt für Schritt den Inhalt im Alltag umsetzen, bekommen Sie Ihr Leben systematisch besser in den Griff.

Dank

Mein besonderer Dank gilt Frank-Michael Rommert. Er hat den Anstoß zu diesem Buch gegeben und mich auf dem Weg vom Manuskript bis zu diesem Buch begleitet. Für das kritische Lesen meines Manuskriptes geht ein herzliches Dankeschön an Martin Kimmich und Gert von Kunhardt.

Giengen, im September 2002 — Helmut M. Großkopf

Teil I: Grundlagen der Souveränität

Teil I Kapitel 1.

Souverän das Fundament legen: Die Grundlagen ordnen

1.1. Entdecken Sie mehr Freude bei der Arbeit

Bei einer Veranstaltung mit einer großen Abteilung drohte das ganze Seminar zu kippen, bis ich die Frage stellte: „Macht Ihnen denn überhaupt noch etwas Spaß bei der Arbeit?" Plötzlich nannten die Teilnehmer einen positiven Aspekt nach dem anderen. Vor allem die Arbeit selbst machte Freude, nur die Rahmenbedingungen waren durch eine enorm hohe Belastung für eine ganze Reihe der Mitarbeiter fast unerträglich geworden. Ab diesem Augenblick, als das Augenmerk auf die Freude bei der Arbeit gelenkt wurde, veränderte sich die Situation und jeder merkte, dass bei aller berechtigter Kritik doch vieles gut war.

Was bei der Arbeit Freude macht

Für die meisten Menschen sind der Erfolg, eine gute Leistung, selber etwas bewegt zu haben, die entscheidenden Stichworte. Gleich wichtig ist ein Ziel, besser, ein eigenes Ziel erreicht zu haben. Dann folgen mit etwas Abstand ein gutes Arbeitsklima, die Anerkennung durch Kollegen, Vorgesetzte und Kunden sowie Offenheit der Kollegen und Vorgesetzen. Erstaunlicherweise werden kaum das Gehalt oder monetäre Zuwendungen genannt.

Ursachen für Frust

Auf der anderen Seite wird bei Frust aufgeführt: Schlechte Kommunikation, unklare Ziele, mangelnde Rückendeckung durch Vorgesetzte, wechselnde Prioritäten und die fehlende Anerkennung. Der größte Frust entsteht, wenn mit Hochdruck an einer Sache gearbeitet wurde und das Ergebnis dann in einer Schublade verschwindet, weil sich die Ziele geändert haben. In einem großen Konzern wird das als „Blindleistung" beschrieben.

Frust demotiviert

Dieser Frust in Verbindung mit hoher Arbeitsbelastung nagt an der Gesamtmotivation der Führungskräfte. Das führt häufig zu der subjektiven Einschätzung, dass überhaupt keine Arbeitsfreude mehr da ist. Die positiven Erlebnisse scheinen gar keine Rolle mehr zu spielen.

Was motiviert Sie?

Machen Sie sich klar, was bei Ihnen Arbeitsfreude und Frust auslöst. Nehmen Sie sich Zeit, einmal über das nachzudenken, was Sie motiviert, herausfordert, Spaß macht und Ihnen persönlich Erfolgserlebnisse verschafft. Vergleichen Sie Freude und Frust und überlegen Sie, wie Sie Arbeitsfreude systematisch entwickeln oder verstärken können.

Einladung zum Weiterdenken: Füllen Sie die nachfolgende Tabelle aus und vergleichen Sie die beiden Seiten.

Freude	**Frust** 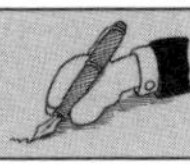

Denkanstoß 1: Freude und Frust bei der Arbeit

Wichtige Erkenntnisse für Sie können sein:

Sie können Freude aktiv herbeiführen

Freude am Arbeitsplatz ist „machbar", wenn Sie sich Ziele setzen und diese auch kontrollieren. Kontrolle erhält einen positiven Touch, wenn sie auf Selbst- und Erfolgskontrolle ausgerichtet ist. Schätzen Sie positives Arbeitsklima und tun Sie etwas dafür: Klare Ziele und Anerkennung von Leistungen – auch als Kollege – sind dafür elementar!

▶ **Machen Sie sich die positiven Erlebnisse bewusst!**

1.2. Erkennen Sie die Stärken und Schwächen Ihres Lebensstils

Einseitigkeit vermeiden

Der berufliche Erfolg kann wie eine Droge wirken. Wir können es nicht mehr lassen. Besonders Männer können sich völlig einseitig auf die beruflichen Belange konzentrieren. Damit kann man zwar sehr erfolgreich sein, aber die anderen wichtigen Bereiche im Leben verliert man aus dem Auge. Bei Frauen habe ich das weniger beobachtet. Sie haben intuitiv das Leben besser im Gleichgewicht.

Stärken und Schwächen sind typabhängig

Wenn man die eigenen Stärken und Schwächen analysiert, stellt man fest, dass sie oft sehr eng beieinander liegen. Stärken und Schwächen sind eigentlich dieselbe Eigenschaft. Nur von der Situation und manchmal auch vom Maß des Auslebens hängt es ab, ob eine Eigenschaft von Vorteil oder Nachteil ist. Persönlichkeitsprofile wie z. B. das DISG-Persönlichkeitsmodell machen das deutlich (vergleichen Sie hierzu Gay/Seiwert: „Das 1x1 der Persönlichkeit").

D Der *dominante* Typ ist ergebnisorientiert. Seine positive Entschlussfreudigkeit führt oft zu übereilten Handlungen, die nicht zu Ende gedacht sind, und er hat regelmäßig Planungsschwächen. Die Kritik an ihm lautet: „Er hat keine Zeit, es richtig zu machen – er hat aber Zeit, es zweimal zu machen!"

I Der *Initiative* ist mitreißend und kontaktfreudig, aber er ist immer auch in der Gefahr, sich in sozialen Kontakten zu verlieren und zu viel zu versprechen. „Nicht gackern – sondern Eier legen!", fasst seine Problemsituation zusammen.

S Der *Stetige* ist der ideale Teamarbeiter. Ihm ist die Teamleistung wichtiger als die eigene. Er kann deswegen oft nicht nein sagen und opfert die Ergebnisse der Harmonie.

G Schließlich der *Gewissenhafte:* Er ist der Perfektionist. Qualität geht über alles. Die hohen eigenen Standards führen aber zu großem Misstrauen in die Leistungsfähigkeit der anderen und zerstören die Grundlage jeder Arbeitsteilung.

Einladung zum Weiterdenken: Wo können Sie sich einordnen? Wo liegen Ihre Stärken und Schwächen? Wo besteht die Gefahr, dass eine Stärke in eine Schwäche umkippt? Was können Sie dagegen tun?

Extrovertiert, Veränderer

Aufgabenorientiert ← → Menschenorientiert

Dominant (Ergebnisse)	Initiativ (Anerkennung)
■ Stärken: Entschlussfreudig, schnell, zielorientiert, unabhängig ■ Gefahren: Voreilig, ungeduldig, überfordert sich und andere, autoritär ■ Empfehlungen: Mehr analysieren und planen, zuhören, weniger Kontrolle, mehr Unterstützung anbieten, das Warum erklären	■ Stärken: Mitreißend, begeistert, kontaktfreudig, setzt sich ein ■ Gefahren: Zu optimistisch, verspricht zu viel, unpünktlich ■ Empfehlungen: Aufgaben beenden, auf Details/ Fakten konzentrieren, langsameres Tempo, zuhören, weniger reden, Pünktlichkeit, mehr Durchhaltevermögen
Gewissenhaft (Qualität)	**Stetig (Kontinuität)**
■ Stärken: Gründlich, ausdauernd, ordnungsliebend, logisch ■ Gefahren: Pedantisch, misstrauisch, überzogener Qualitätsanspruch ■ Empfehlungen: Die richtigen Dinge tun, anstatt die Dinge richtig tun, größere Risikobereitschaft, offener und flexibler sein, Zeitlimits setzen	■ Stärken: Geduldig, sehr gut bei Routine, teamfähig, gut organisiert ■ Gefahren: Unflexibel, ausnutzbar, opfert Ergebnisse der Harmonie ■ Empfehlungen: Soziale Kontakte dosieren, direkter, Konflikte nicht scheuen, nein sagen lernen, entschlussfreudiger, auf Ergebnisse konzentrieren, Veränderungen positiv sehen

Introvertiert, Bewahrer

Denkanstoß 2: Ihre Stärken und Schwächen

▶ **Jede Eigenschaft kann Stärke und Schwäche bedeuten. Es hängt von der Situation ab und vom Grad des Auslebens.**

1.3. Beginnen Sie, Ihre Gewohnheiten zu ändern

Sind Sie Raucher und haben Sie versucht, einmal das Rauchen aufzugeben? Oder lieben Sie gutes Essen und Trinken und wollten dauerhaft ein paar Kilo abnehmen? Dann wissen Sie, wie schwer es ist, an den eigenen Gewohnheiten etwas zu verändern. Vielleicht ist es überhaupt das Schwierigste, was wir uns vornehmen können.

Neue Techniken reichen nicht

Wenn Sie mit Ihrer Lebenssituation unzufrieden sind oder aus einem bestimmten Grund etwas verändern wollen, müssen Sie fast immer mit Ihren Gewohnheiten anfangen. Das bedeutet Abschied nehmen von den lieb gewordenen Dingen, von Verhaltensweisen, die Sie vielleicht schon 30 oder 40 Jahre tun. Vordergründig glauben viele, durch bestimmte Managementtechniken ihre Situation verbessern zu können. Sie meinen, durch die richtige Führungstechnik laufen alle Mitarbeiter wie geschmiert. Das reicht aber nicht.

Vorsätze greifen nicht sofort

Angenommen, Sie sind ein engagierter Mensch, der sich für eine neue Sache begeistern kann: Sie haben ein klares Ziel vor Augen und wollen das schnell erreichen. Wenn die Kollegen oder Mitarbeiter nicht sofort mitziehen, werden Sie aufbrausend, ja manchmal cholerisch. Jetzt wollen Sie geduldiger sein. Sie nehmen sich vor, ab sofort geduldiger zu werden. Meinen Sie, es funktioniert? Wenn überhaupt, dann jedenfalls nicht sofort.

Mein zweitjüngster Sohn, Georg, kam mit sieben Jahren zu mir und sagte: „Papa, ich möchte Trompete lernen!“ Die ersten Tage hat er nur Lippenübungen gemacht, dann mit dem Mundstück gespielt und erst Ende der zweiten Woche mit der ganzen Trompete geblasen. Es dauerte ein Vierteljahr, bis er einen vernünftigen Ton herausgebracht hat. Dann plötzlich hat es einen Schub gemacht: Er hat kleine Melodien gespielt und Fortschritte waren deutlich zu hören.

Üben, üben, üben

Was war das Geheimnis seines Erfolges? Er hat jeden Tag geübt! „Übung macht den Meister“ ist ein altes Geheimnis, das mancher vergessen hat. Durch Üben können Sie Gewohnheiten verändern.

Lernen wird in der Lernpsychologie definiert als Veränderung von Gewohnheiten. Man braucht mindestens sechs Wochen, bis etwas gelernt ist. Wenn Sie an sich arbeiten wollen und eine alte Gewohnheit abstellen oder eine neue einüben wollen, müssen Sie mindestens diese sechs Wochen daran arbeiten.

Veränderungen brauchen Zeit

Nehmen Sie sich zum Beispiel vor, zukünftig jeden Abend eine Tagesplanung für den Folgetag zu machen, müssen Sie sich die Vorteile einer solchen Planung jedes Mal bewusst vor Augen führen, sich selbst zwingen und den berühmten „inneren Schweinehund" überwinden. Hören Sie nach fünf Wochen auf, vermissen Sie gar nichts. Erst nach sechs Wochen entsteht eine Gewohnheit, und Sie spüren: „Da ist doch noch was …"

In dieser schwierigen Phase der Veränderung kann Ihnen ein Coach beachtlich helfen. Er hält Ihnen praktisch einen Spiegel vor, in dem Sie Ihre alten Gewohnheiten und Schwächen deutlicher erkennen. Er unterstützt Sie bei der Entwicklung von neuen Gewohnheiten und begleitet Sie eine Zeit lang, bis Sie die neuen Verhaltensweisen verinnerlicht haben (vgl. III 2.).

Fehler sind okay

Noch ein Hinweis: In der Zeit des Einübens dürfen Sie Fehler machen. Der kleine Georg hat auch so manchen schiefen Ton herausgebracht. Rückschläge sind in der Zeit der Veränderung normal und erlaubt. Wichtig ist, dass Sie anfangen und durchhalten.

Einladung zum Weiterdenken: Tragen Sie ein, an welchen Gewohnheiten Sie arbeiten wollen.

Denkanstoß 3: Alte und neue Gewohnheiten

Alte Gewohnheiten, die Sie abstellen wollen	Neue Gewohnheiten, die Sie entwickeln wollen

▶ **Ändern Sie Ihre Gewohnheiten durch Üben! Übung macht den Meister!**

1.4. Muten Sie sich eine positive Grundeinstellung zu

Pessimisten haben es schwerer

Henry Ford sagte einmal zu einem Mitarbeiter: „Ob Sie glauben, dass Sie es können, oder ob Sie glauben, dass Sie es nicht können – Sie haben Recht!" Mit einer positiven Grundeinstellung können Sie zwar nicht automatisch alles erreichen, aber umgekehrt gilt: Mit einer negativen Grundeinstellung werden Sie scheitern.

Die Bedeutung der persönlichen Grundeinstellung wird auch bei einem Experiment deutlich, das Anfang der 1960er Jahre von Sozialpsychologen durchgeführt wurde. In einer großen Schule wurden die Kinder einer Jahrgangsstufe getestet, eine Art Wissens- und Intelligenztest. Man bildete eine Klasse mit den angeblich Intelligentesten und wollte sehen, was dabei herauskommt. Nach sechs Monaten wiederholte man den Test. Und siehe da: Diese Kinder waren deutlich besser, sie wussten objektiv mehr und hatten einen größeren Lernerfolg. Dabei hatten sie dieselben Lehrer, die gleiche Klassenstärke und dieselben Hilfsmittel.

Erwartungen bestimmen das Ergebnis

Im ersten Moment denken Sie vielleicht, die Kinder haben sich gegenseitig positiv beeinflusst und nach vorne gebracht. Das stimmt sicher auch. Aber Sie müssen das Geheimnis dieser Untersuchung kennen: Diese Kinder waren gar nicht intelligenter, sie waren zufällig ausgewählt worden. Aber allen wurde gesagt, sie wären die Besten. Die Selbstsicherheit der Kinder war gestärkt worden, aber wie sich herausstellte, hatte sich vor allem die Einstellung der Lehrer geändert: Sie gingen anders in diese Klasse, sie erwarteten von den Kindern mehr und die Kinder wurden diesen Erwartungen gerecht. Solche Situationen nennt man bis heute „selbsterfüllende Prophezeiung". Was wir erwarten, bestimmt wesentlich das Ergebnis.

Drei wichtige Fragen

Prüfen Sie kritisch Ihre persönliche Einstellung zu Personen und Sachverhalten:

- Wo resignieren Sie bereits?
- Wen haben Sie aufgegeben oder abgeschrieben?
- Wo trauen Sie sich keine Veränderung mehr zu oder fühlen sich als kleines Rädchen im großen Getriebe Ihrer Firma?

Je länger ich Menschen berate, desto mehr begreife ich die Wirkung, die unsere persönliche Lebenseinstellung hat. Sie ist wichtiger als Erfahrung, als Geld, als Umstände, als das, was andere Menschen sagen oder tun. Sie ist wichtiger als Aussehen, Talent oder Können.

Die Entscheidung liegt bei Ihnen

Bemerkenswert daran ist, dass wir jeden Tag neu entscheiden können – *bewusst* entscheiden können – in welcher Einstellung wir dem Tag begegnen wollen. Wir können unsere Vergangenheit nicht verändern, wir können auch die Tatsache nicht ändern, dass Menschen in einer bestimmten Weise handeln werden. Wir können nur eines tun: Auf der einzigen Saite zu spielen, die wir haben, und das ist unsere persönliche Einstellung.

10 % fremdbestimmt
90 % selbstbestimmt

„Ich bin davon überzeugt, dass mein Leben zu zehn Prozent aus dem besteht, was mit mir geschieht, und zu neunzig Prozent aus dem, wie ich darauf reagiere. Das gilt auch für dich … wir können unsere persönliche Einstellung kontrollieren." (Charles Swindoll, US-amerikanischer Pastor)

Dieses Zitat will allen Mut machen, die sich nicht oder nicht mehr zutrauen, etwas zu verändern oder zu beeinflussen. Wir haben größeren Einfluss, als wir oft annehmen. Muten Sie sich mehr zu! Sie müssen nicht erst eine Besprechung leiten, um deren Ablauf zu verbessern. Überprüfen Sie täglich Ihre Einstellung und ändern Sie sie gegebenenfalls!

Wo oder gegen wen haben Sie eine negative Grundeinstellung?

Denkanstoß 4: Negative Grundeinstellungen

▶ **Seien Sie nicht Spielball Ihrer Umgebung! Werden Sie zum Spieler! Beginnen Sie mit einer positiven Grundeinstellung!**

1.5. Entwickeln Sie Ihren Gestaltungs- und Veränderungswillen

Viele Menschen klagen zu Beginn eines Gespräches, in welch schwieriger Lage sie sich befänden: Die beruflichen Konflikte, die Dauerüberlastung, die Spannungen in der Ehe oder die Sorgen um die Kinder. Und dann frage ich regelmäßig: „Wollen Sie etwas ändern? Wollen Sie *wirklich* etwas ändern?"

Keine Veränderung ohne Kosten

Diese Frage ist nicht trivial. Wirklich etwas ändern wollen heißt, sich über die Kosten der Veränderung klar zu werden. Mehr Zeit für die Familie zu haben kann bedeuten, in der Karriereerwartung Abstriche zu machen. Gesünder leben mag bedeuten, nach einem Glas Rotwein aufzuhören oder gar ganz auf Alkohol zu verzichten. Wer im eigenen Haus leben will, muss vielleicht Jahre auf einen großen Urlaub verzichten.

Wenn es Zielkonflikte gibt, müssen Sie sich ehrlich eingestehen, dass Sie nicht alles gleichzeitig schaffen. Sie müssen auf der einen oder anderen Seite Abstriche machen und das bedeutet, unangenehme Veränderungen vorzunehmen.

Wissen + Können + Wollen = Erfolg

Der Wille ist dabei von besonderer Bedeutung. Wir wissen es eigentlich, dass wir ruhiger bleiben, die Mitarbeiter mehr loben und wichtige Aufgaben nicht immer auf den letzten Drücker fertig machen sollten. Wissen und Können ist klar und reichlich vorhanden – aber es reicht nicht aus. Der eigene Wille muss hinzukommen, um eine Handlung entstehen zu lassen.

Was Sie benötigen, ist „Wollenskraft". Manchmal wird sie durch Schockerlebnisse ausgelöst. Nach dem Herzinfarkt fällt es den meisten Rauchern relativ leicht, mit dem Rauchen aufzuhören. Nach einem Führerscheinentzug halten viele Autofahrer plötzlich die Geschwindigkeitsbegrenzungen genau ein. Aber schon nach ein paar Wochen oder Monaten treten die Erlebnisse aus dem Bewusstsein. Negative Erfahrungen halten nicht lange vor. Sie benötigen dauerhafte Bewusstseinsveränderung.

Quelle 1: Arbeit am Bewusstsein

Wo bekommen Sie die Kraft her, um den Willen zu stärken? Es gibt zwei Möglichkeiten, die dauerhaft zu Veränderungen führen, die Durchhaltekraft verleihen. Am Bewusstsein zu arbeiten, ist schon der richtige Ansatz. Aber er darf nicht auf kurzfristigen, negativen Erlebnissen basieren. Das Bewusstsein muss auf Einsicht basieren.

Wenn Sie einem Herzinfarkt vorbeugen wollen, müssen Sie die Funktionsweise des Herzens, der Blutgefäße und der Muskeln verstehen. Sie müssen erkennen, wie sich leichte Bewegung bei einem Puls von 30 bis 50 Schlägen über dem Ruhepuls positiv auf die Leistungsfähigkeit der Organe auswirkt. Und Sie müssen sich diese Zusammenhänge immer wieder bewusst machen: Lesen Sie zum Beispiel einmal pro Monat einen Artikel dazu und besuchen Sie einmal im Jahr ein Seminar zu diesem Thema. So wird das Wissen präsent und zum Bewusstsein, das Ihren Willen bestimmt.

Quelle 2: Stille

Und ein Zweites: „Wollenskraft" entsteht nicht in der Diskussion, im Gespräch oder gar in der Auseinandersetzung. „Wollenskraft" entsteht in der Stille. Darum geht es im nächsten Kapitel.

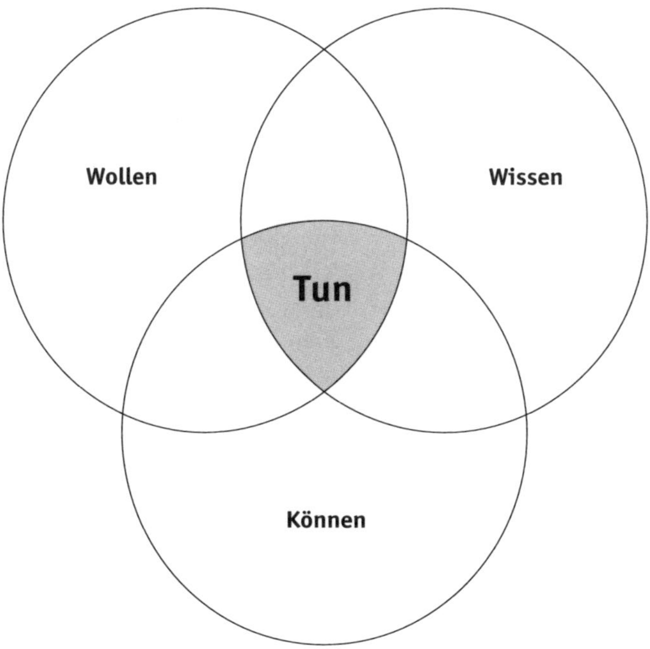

▶ **Stärken Sie Ihr „Wollen" durch dauerhaftes Bewusstsein!**

1.6. Organisieren Sie stille Zeiten

Bei Tagungen wechsle ich regelmäßig zwischen Plenum, Gruppen- und Einzelarbeit ab. Einzelarbeit sind die Teilnehmer kaum gewöhnt. Vor allem, wenn es um persönliche Themen wie Lebensziele oder Lebenssinn geht. Aber auch bei Fragen nach den richtigen Prioritäten oder dem Gleichgewicht zwischen Beruf und Familie halten es die meisten nur knapp eine halbe Stunde alleine aus, dann werden sie von einer Unruhe gepackt.

In der Stille finden Sie Antworten

Die Hektik des Arbeitsalltages, die Sorgen und Nöte lassen uns keine Zeit, in Ruhe nachzudenken. Aktionismus aller Art, vom Diskobesuch der Jungen bis zum Workoholismus der Väter und Mütter verhindern, über uns selbst nachzusinnen. Stille ist aber die Voraussetzung, um Klarheit über Ihre Ziele zu erlangen. Was wollen Sie wirklich? Was ist wichtig in Ihrem Leben? Sie müssen Zeit einplanen, um über diese Fragen nachzudenken und eine klare Antwort zu finden.

In der Stille erkennen Sie sich selbst

Die „Diskussion mit mir selbst“ ist die ehrlichste und offenste, die Sie führen können. Sie kennen sich gut mit Ihren Stärken und Schwächen, mit Ihren Sehnsüchten und Enttäuschungen. Vor sich selbst hat man keine Maske auf, die das wahre Ich verbergen könnte. Daher ist dieses Selbstgespräch durch kein noch so intensives Gespräch mit einem anderen Menschen zu ersetzen.

In der Stille entsteht Kraft

In der Stille entsteht der Wille und die Kraft, die uns befähigt, etwas umzusetzen und durchzuhalten – auch gegen Widerstände. In der

Stille werden Ihre Ideen und Ziele wieder präsent. Die Stille hilft Ihnen dabei, ausdauernd und stressresistent zu werden.

Vier Ebenen der Stille möchte ich Ihnen empfehlen:

1. Die tägliche Stille

Nehmen Sie sich morgens oder abends Zeit, um für zehn bis 15 Minuten den Tag zu durchdenken. Beschäftigen Sie sich in dieser Zeit auch mit der Tagesplanung. Das kann am Schreibtisch geschehen, beim Spaziergang mit dem Hund oder beim Joggen. Persönlich lese ich die Losungen der Herrenhuter Brüdergemeine, das sind zwei Bibelverse für jeden Tag. Ein wenig die Dimension der „Ewigkeit" in den von Tagessorgen bestimmten Alltag hineinscheinen zu lassen, relativiert doch so manches Problem.

Täglich zehn Minuten

2. Die wöchentliche Stille

Durchdenken Sie für eine halbe Stunde Ihre langfristigen Ziele und Ihre gegenwärtige Situation. Tun Sie dies am besten freitags oder samstags als letzten Teil der Arbeit oder am Sonntagabend als Vorbereitung für die kommende Woche. Die Wochenplanung können Sie gut in diese Zeit des Nachdenkens integrieren. Denn sie ist das Bindeglied zu Ihren strategischen Aufgaben und langfristigen Zielen (vgl. II 1.3.). Von einem Manager weiß ich, dass er jeden Freitagnachmittag in seinem Lieblingscafé ein Stück Schwarzwälder Kirschtorte isst. Er hat daraus ein Ritual gemacht.

Wöchentlich eine halbe Stunde

3. Die jährliche Stille

Ziehen Sie sich einmal pro Jahr für einen Tag zurück, um Ihre persönlichen und beruflichen Ziele für das Folgejahr festzulegen. Ich nehme mir diese Zeit regelmäßig Mitte November, am Buß- und Bettag: Raus aus dem Alltag, am besten in ein schönes Hotel mit Schwimmbad und Sauna. Hier finde ich das kreative Ambiente für meine Strategieplanung.

Jährlich einen Tag

4. Die strategische Urlaubsplanung

Nutzen Sie diese Zeit sinnvoll zur Entspannung und Erholung und als Zeit für die Familie. Vermeiden Sie dabei neuen Erlebnisstress. Einmal im Jahr mindestens zwei bis drei Wochen Ferien – dies kann Ihre Batterien wieder aufladen.

Laden Sie Ihre Batterien im Urlaub auf

▶ **Planen Sie regelmäßig stille Zeiten ein!**

1.7. Stärken Sie Ihren Charakter

Der langjährige Vorsitzende eines großen Chemieunternehmens sagte einmal: „Wir stellen Führungskräfte wegen ihrer fachlichen Qualifikation ein und entlassen sie wegen ihres Charakters." In alten Handwerksbeurteilungen hieß es über einen guten Mitarbeiter nur kurz: „Er ist pünktlich, ehrlich und zuverlässig." Damit war sein Charakter beschrieben und jeder Meister wusste, dass er diesem Mann seine Kasse anvertrauen konnte.

Charakter beschreibt, wie wir sind

Unser Charakter wird bei Handlungen offenbar, die wir unbeobachtet ausführen. Charakter ist nicht gleichzusetzen mit Ansehen, also damit, wie andere Menschen über uns denken. Er entspricht in keiner Weise dem Erfolg oder der Karriere. Er beschreibt nicht, was wir erreicht haben, sondern wie wir sind.

Die vier entscheidenden Eigenschaften

Vier Charaktereigenschaften sind für Führungskräfte besonders wichtig und müssen gestärkt werden:

- Mut,
- Selbstdisziplin,
- Weitsicht und
- Vertrauen.

Mut

Ein Vorgesetzter beschimpft einen Mitarbeiter, weil dieser einen Vorgang nicht erledigt hat. Dann stellt er fest: Der Vorgang liegt noch in seiner Schublade. Er geht zum Mitarbeiter und entschuldigt sich für sein Fehlverhalten. Das erfordert *Mut.*

Selbstdisziplin

Ein Manager verspricht feierlich, jeden Morgen zwanzig Minuten früher aufzustehen, um einmal um den Häuserblock zu joggen. Er hält sein Versprechen. Das ist *Selbstdisziplin.*

Weitsicht

Ein Geschäftsführer befasst sich geduldig mit einer Buchhalterin, die häufig kleine Fehler macht und entdeckt, dass sie bei Reklamationen einfühlsam und beschwichtigend mit Kunden umgehen kann. Er versetzt sie in die Kundenabteilung. Das ist *weitsichtiges Handeln.*

Vertrauen

Ein Seniorchef lässt seinen Junior Fehler machen, damit dieser lernt, selbständig und eigenverantwortlich zu handeln. Das ist *Vertrauen.*

Humor kann helfen

Neben diesen vier Eigenschaften ist Humor eine wichtige Hilfe im Umgang mit anderen Menschen. Nehmen Sie sich nicht immer zu wichtig. Lachen Sie auch mal über sich selbst, denn schon in diesem Moment entspannen Sie sich.

Charakterbildung ist nicht einfach

Wo immer Sie an Ihrem Charakter arbeiten wollen – es ist ein langer Prozess, der schwierig, aber nicht unmöglich ist. Ihren Charakter können Sie nur in kleinen Schritten verändern, und Sie müssen lange daran arbeiten.

Ein Chefredakteur war ein ungeduldiger Mensch und wäre gerne ruhiger gewesen im Umgang mit seinen Mitarbeitern. Besonders Herr X konnte ihn mit dem kleinsten Fehler in fünf Sekunden auf die Palme bringen. So hatte er sich im letzten Jahr das Ziel gesetzt, mehr Geduld zu entwickeln

Durch klare Zielsetzung und „Wollenskraft", die in der Stille entstanden ist, hat er daran gearbeitet und sein Verhalten kontrolliert. Ganz allmählich hat er zuerst sporadisch, dann immer häufiger kleine Erfolgserlebnisse für sich registriert. Das hat ihm Mut gemacht, weiter daran zu arbeiten. Das Thema „Geduld lernen" steht dieses Jahr wieder auf seiner Jahreszielplanung.

Charakter hilft in Krisen

Charakter bewährt sich vor allem in Krisenzeiten. Wenn uneigennütziges Handeln gefragt ist, dann entscheidet der Charakter einer Führungskraft über die Existenz eines Unternehmens. Charakter macht sie unabhängig und resistent gegen jede Art von Korruption durch Macht, Geld oder Ansehen.

Welche Charaktereigenschaften wollen Sie stärken?

Denkanstoß 5: Charaktereigenschaften stärken

▶ **Entwickeln Sie Ihren Charakter in kleinen Schritten!**

1.8. Zusammenfassung

1. Machen Sie sich die positiven Erlebnisse bewusst!
2. Jede Eigenschaft kann Stärke und Schwäche bedeuten. Es hängt von der Situation ab und dem Grad des Auslebens.
3. Ändern Sie Ihre Gewohnheiten durch Üben! Übung macht den Meister!
4. Seien Sie nicht Spielball Ihrer Umgebung! Werden Sie zum Spieler! Beginnen Sie mit einer positiven Grundeinstellung!
5. Stärken Sie Ihr „Wollen" durch dauerhaftes Bewusstsein!
6. Planen Sie regelmäßig stille Zeiten ein!
7. Entwickeln Sie Ihren Charakter in kleinen Schritten!

Literaturempfehlungen

Stephen R. Covey, A. Roger Merrill und Rebecca R. Merrill: Der Weg zum Wesentlichen. Zeitmanagement der vierten Generation. Frankfurt am Main: Campus 1997.

Gordon MacDonald: Getrieben oder berufen? Hochheim: Projektion-J-Verlag 1988.

Lothar J. Seiwert und Friedbert Gay: Das 1 x 1 der Persönlichkeit. 2. Aufl. München: mvg 2002.

Einladung zum Umsetzen: Was möchten Sie ändern?

Aktivitäten	Termin	✓

Teil I Kapitel 2.

Das Leben souverän ins Gleichgewicht bringen: Die Hauptrollen festlegen

2.1. Analysieren und ordnen Sie Ihr Leben

Betrachten Sie Ihr Leben vom Ende her

Haben Sie schon einmal Ihre eigene Grabesrede geschrieben? Für viele vielleicht ein makaberer Gedanke – aber durchaus ein interessanter Einstieg, um über sein eigenes Leben nachzudenken. Was möchten Sie, dass die Leute einmal über Sie sagen? Was soll am Schluss übrig bleiben? Sie kommen nicht darum herum, Ihr Leben zu analysieren und zu ordnen, wenn es am Ende nicht andere für Sie machen sollen.

Denken Sie über sich selbst nach

Alternativ können Sie ja die Rede zu Ihrem 75. Geburtstag halten. Überlegen Sie, welche Gratulanten kommen werden. Kommen nur ehemalige Geschäftspartner und Kollegen? Werden Ihre Kinder kommen, Ihre Freunde, vielleicht sogar ehemalige Schulkameraden? Auf welche Erfolge und Charakterstärken wollen Sie dann zurückblicken können? Wenn Sie diese Rede schreiben, wird Ihnen schnell klar, was wirklich in Ihrem Leben wichtig ist.

Um ein erfülltes Leben zu bekommen, müssen Sie zunächst auf Ihr bisheriges zurücksehen. Eine einfache, aber aufschlussreiche Methode ist die „Lebenslinie". Zeichnen Sie Ihr Leben als eine Art Fieberkurve von der Geburt bis heute. Wann ging es aufwärts, wann abwärts? Was hat die Höhepunkte und Tiefen ausgezeichnet? Was waren die Ursachen für positive und negative Entwicklungen? Höhepunkte und Tiefen sind immer zugleich auch Wendepunkte. Was hat den Trendwechsel ausgelöst? Was können Sie für die Zukunft daraus lernen? Differenzieren Sie eventuell nach Beruf, Familie, Gesundheit etc.

Denkanstoß 1: Ihre Lebenslinie

Wie sieht Ihre Lebenslinie aus?

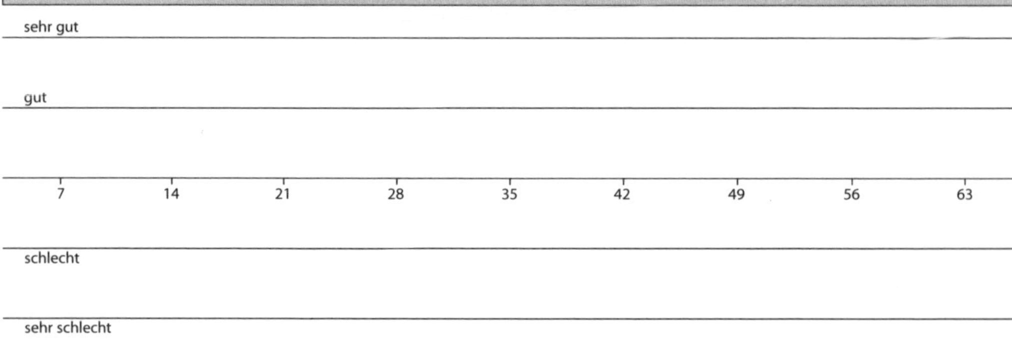

Haben oder Sein?

Erich Fromm hat die Menschen sehr pointiert vor die Alternative des „Haben oder Sein" gestellt: „Letztlich orientiert sich der Mensch in seiner Lebenspraxis entweder am Haben oder am Sein (...) Wer sein Leben am Haben orientiert, der bestimmt sich selbst, seine Existenz, seinen Lebenssinn, seine Lebenspraxis von dem her, was er hat, haben kann und mehr haben kann (...)

Orientierung am Sein bedeutet immer, dass man seinen Lebenssinn an den psychischen Eigenkräften des Menschen orientiert: seine Fähigkeit zur Liebe, seine Fähigkeit zur Vernunft, seine Fähigkeit zu produktivem Tätigsein (...) Anders als die Gegenstände des Habens, die in dem Maße aufgebraucht werden, als sie gebraucht werden, gilt für Liebe, Vernunft und produktives Tätigsein, dass sie wachsen und mehr werden, wenn sie geteilt und gebraucht werden." (Erich Fromm: Vom Haben zum Sein. München: Heyne 1994. S. 159ff.)

Was ist Ihr Lebenssinn?

Worauf haben Sie bisher Ihr Leben gegründet? Sind Sie ein „Haben-Mensch", wie so viele in unserer Leistungsgesellschaft? Die Quelle für Glück und Zufriedenheit, für ein erfülltes Leben, kommt aber aus dem Sein. Wenn Sie Ihren Lebensentwurf nur auf dem Haben bauen, können Sie schnell ein erfolgreicher, aber zugleich sehr einsamer Mensch sein. Beginnen Sie umzudenken! Entwickeln Sie ein neues Motto für sich, das vom Sein her bestimmt ist!

Machen Sie sich das Gesetz von Saat und Ernte zunutze. Das, was Sie sähen, werden Sie auch ernten. „Viele Menschen heiraten, wollen aber ihren Lebensstil nicht im Geringsten verändern. Sie sind verheiratete Singles. Sie nehmen sich nicht die Zeit, die Saat der gemeinsamen Visionen, Selbstlosigkeit, Fürsorge, Zärtlichkeit und Rücksicht zu kultivieren und wundern sich dann darüber, wenn sie Unkraut ernten" (Covey S. 49). Sie können nicht Haben säen und Sein ernten.

Denkanstoß 2: Geburtstagsrede

Einladung zum Weiterdenken: Schreiben Sie Ihre Geburtstagsrede anlässlich Ihres 75. Geburtstages! Nutzen Sie dazu ein separates Blatt Papier.

Wer soll bei dieser Geburtstagsfeier anwesend sein?

▶ **Bauen Sie Ihren Lebensentwurf nicht nur auf Haben, sondern auf Sein!**

2.2. Legen Sie Ihre Lebensrollen fest und hängen Sie ausgediente an den Nagel

Analysieren heißt: in die Bestandteile zerlegen. Aus welchen Bestandteilen besteht Ihr Leben, und was hält die Teile zusammen? Ein Ansatz für diese Analyse ist das Konzept von Stephen Covey, das nach den Hauptrollen in unserem Leben fragt (Covey 1997, S. 75ff.).

Welche Rollen gibt es in Ihrem Leben?

Sie haben sich alle in Ihrem Leben für verschiedene Rollen entschieden oder sind in sie „hineingeboren“. Sie können wichtige Rollen in der Arbeit, in der Familie, in der Kirchengemeinde, in der Politik oder in anderen Lebensbereichen einnehmen. Rollen stehen für Verpflichtungen, Beziehungen und Beiträge zum Allgemeinwohl.

Sie können Ihre Rolle in der Familie einfach als „Familienmitglied“ festlegen. Oder Sie unterscheiden zwei Rollen als „Ehemann“ und „Vater“, als „Tochter“ und „Schwester“. Die Arbeit erfordert oft mehrere Rollen: eine in der Teamleitung, eine im Projektmanagement, eine im Qualitätsmanagement, eine in der Personalentwicklung. Auch die eigene Karriere könnte eine solche Rolle im Berufsleben sein.

Maximal sieben Rollen

Covey rät zu Recht, nicht mehr als sieben Rollen zu führen. Mehr ist mental nicht beherrschbar. Oft lassen sich bestimmte Rollen zusammenfassen, um die Gesamtzahl zu reduzieren. Planung und Finanzen lassen sich zu Verwaltung, Hobby und Sport zu Freizeit zusammenfassen. Es kommt nicht darauf an, genau sieben Rollen zu definieren, es können natürlich auch weniger sein. Nur mehr sollten es auf keinen Fall sein. Sie könnten den Überblick verlieren. Bei der Analyse ist es notwendig, die vorhandenen Rollen sehr kritisch zu überprüfen. Müssen Sie im Vorstand eines Vereins mitarbeiten oder in der Elternvertretung an der Schule – wenn Sie gleichzeitig nicht genügend Zeit für Ihre Familie haben? Können Sie die Pressearbeit an eine Werbeagentur delegieren, damit Sie mehr Zeit für Mitarbeitergespräche haben?

Investiern Sie in Ihre Grundbedürfnisse

Die Lebensrollen sind vergleichbar den Produktionsfaktoren in einem Unternehmen. Man kann nicht immer nur produzieren, man muss auch regelmäßig in die Produktionsfaktoren investieren. Ähnlich verhält es sich mit Ihren Rollen. Sie können nicht immer nur Leistung erbringen, Sie müssen auch in Ihre fundamentalen menschlichen Grundbedürfnisse investieren. Diese Grundbedürfnisse liegen in den Vitalbereichen Körper, Geist und Seele sowie in den Beziehungen zu Ihren Mitmenschen.

Nicht nur an heute denken

Viele vertiefen sich so sehr in eine Rolle – insbesondere in den Arbeitsbereich –, dass sie vergessen, in die Vitalbereiche zu investieren. Sie sind vollkommen damit ausgelastet, jetzt Leistung zu erbringen und heute Ergebnisse zu erzielen. Sie laufen Gefahr, die Fähigkeit zu verlieren, auch in der Zukunft noch die Kraft für weitere Erfolge zu haben.

Vielleicht vernachlässigen auch Sie bereits die körperliche Betätigung (Körper) oder versäumen es, wichtige Menschen kennen zu lernen (Beziehungen). Neue technische Veränderungen nehmen Sie nicht genügend wahr oder haben keine Zeit für Ihre persönliche Weiterbildung (Geist). Oder Sie verlieren überhaupt aus den Augen, was in Ihrem Leben wirklich wichtig und sinnvoll ist (Seele).

Wenn Sie die Fähigkeiten in Ihren Vitalbereichen nicht weiterentwickeln, brennen Sie aus und reiben sich an dem Ungleichgewicht auf. Letztlich beeinträchtigt das Ihre gesamte Leistungsfähigkeit. In die Vitalbereiche investieren, bedeutet „Energie tanken“ und schafft so die Voraussetzung für dauerhaften Erfolg in allen Lebensrollen.

Durch das Identifizieren von Rollen unterteilen Sie Ihr Leben nicht in voneinander getrennte Schubladen oder Kästchen wie in einem Organigramm. Sondern Sie haben einen Ansatz, mit dem Sie Ihr Leben analysieren und einzelne Aspekte vertieft betrachten können. Vor allem aber sind Sie in der Lage, über Gleichgewicht und Harmonie nachzudenken und somit auch wieder eine ganzheitliche Betrachtungsweise zu gewinnen. Ziele für Ihre Lebensrollen und Vitalbereiche entwickeln Sie in Kapitel I. 3.

Welche Lebensrollen füllen Sie aus und welche können Sie aufgeben?

1		5	
2		6	
3		7	
4			

Denkanstoß 3: Lebensrollen

▶ Tanzen Sie nicht auf jeder Hochzeit!

2.3. Halten Sie Ihr Leben im Gleichgewicht

Wenn Sie in Ihrem Leben etwas als schmerzlich empfinden, dann ist es häufig die Erkenntnis, dass der Erfolg in einem Bereich – meist im beruflichen – mit dem Scheitern in einem anderen Bereich – meist der Familie oder Ehe – erkauft werden muss.

Gleichgewicht ist ein Naturprinzip

Gleichgewicht ist ein wichtiges Naturprinzip. Es manifestiert sich überall im Leben: In der Natur selbst – wie im biologischen und ökologischen Gleichgewicht –, im Gleichgewicht der Kräfte, das die Planeten in der Umlaufbahn stabilisiert, oder auch im Gleichgewicht der politischen Macht, das für unsere Demokratie überlebenswichtig ist. Der eindruckvollste Beleg für dieses Naturprinzip ist in seinem Gegenteil zu finden, dem Ungleichgewicht. Wo es vorherrscht, erkennt man sofort das Fehlen des Gleichgewichts. Vor allem da, wo wir unter den Folgen des Ungleichgewichts leiden.

Drei Ebenen des Gleichgewichts

Die Suche nach unserem persönlichen Gleichgewicht ist bestimmt von unserem Streben nach Harmonie und Erfüllung in unserem Leben. Wer möchte nicht ein erfülltes Leben haben? Aber wie schafft man das? Drei Ebenen des Gleichgewichts sind zu untersuchen und anzustreben.

Das innere Gleichgewicht

Die Vitalbereiche Körper, Geist und Seele sowie unsere Beziehungen müssen in einem harmonischen Gleichgewicht stehen (vgl. I 2.4. bis I 2.7.). Der Mensch ist in unserer Zeit meist zu sehr auf den Geist und die damit verbundenen Leistungsziele in Beruf und Gesellschaft ausgerichtet. Wir leben in einer Leistungsgesellschaft und glauben, unsere Anerkennung und Daseinsberechtigung aus der Leistung ableiten zu können. Der Köper mit seinen Bedürfnissen, die dazugehörige Gesundheit, aber auch die Beziehungen zu den nächsten und übernächsten Menschen werden vernachlässigt. Und das Seelenleben kommt schließlich gar nicht erst vor.

Das äußere Gleichgewicht

Die verschiedenen Lebensrollen finden scheinbar getrennt voneinander statt. Man verhält sich so, als ob der Stress im Beruf sich nicht auf das Eheleben und die Geduld mit den Kindern auswirken würde. Der Beruf wird überbetont und zulasten der anderen Lebensrollen entwickelt. Der Erfolg in einer Rolle rechtfertigt aber nicht das Scheitern in einer anderen Rolle. Unter dem Strich sind wir dann insgesamt gescheitert.

Zeitlich begrenzt ist es erlaubt, eine Rolle besonders zu betonen. Man kann es mit den Jahreszeiten vergleichen. Im Frühjahr ist etwas anderes dran als im Sommer, Herbst oder Winter. Über das gesamte Jahr gesehen muss das Gleichgewicht aber wieder stimmen.

Auf der anderen Seite lassen sich zwischen den Lebensrollen auch Synergien herstellen. Mehrere Fliegen können mit einer Klappe erschlagen werden. So können berufliche Ereignisse wie eine Tagung in Berlin natürlich auch genutzt werden, um den Ehepartner mitzunehmen und einen schönen Abend in der Großstadt zu verbringen. Bei der klugen Wochenplanung (vgl. II 1.3.) wird ausführlicher auf das Nutzen von Synergien eingegangen.

Das investive Gleichgewicht

Jede Lebensrolle wirkt in die vier Vitalbereiche und hängt von ihnen ab. Sie hat dementsprechend eine körperliche, eine geistige, eine seelische sowie eine Beziehungs-Dimension. Betrachten Sie einmal besonders die geistige Dimension des Lernens, der wachsenden Kenntnisse und Fertigkeiten. Ein Großteil der Effektivität in jeder Rolle beruht auf dem Gleichgewicht zwischen Entwickeln und Tun, zwischen Investieren und Produzieren. Wenn man das Leben als Ganzes betrachtet, muss man in alle Vitalbereiche investieren, um so die Kapazitäten zu erhalten oder sogar zu erweitern.

Jede Verbesserung des Gleichgewichts auf allen drei Ebenen führt zu einer Verbesserung der Lebensqualität und damit zu einem erfüllteren Leben. Wo das Gleichgewicht bei Ihnen genau liegt, lässt sich nicht pauschal sagen. Beim inneren Gleichgewicht ist es aber nötig, alle Vitalbereiche zu berücksichtigen. Als Faustregel gilt: Innerhalb einer Woche müssen Sie für alle Bereiche etwas getan haben.

Denkanstoß 4: Leben im Gleichgewicht

Was tun Sie, um Ihr Gleichgewicht auf allen drei Ebenen sicherzustellen?	
Das innere Gleichgewicht	
Das äußere Gleichgewicht	
Das investive Gleichgewicht	

▶ **Gleichgewicht erfordert ein „Sowohl-als-auch-Denken"!**

2.4. Tun Sie mehr für Ihren Körper (Vitalbereich 1)

Erstaunlich viele Menschen behaupten, Gesundheit wäre das wichtigste in ihrem Leben – dennoch verhalten sie sich nicht so. Sie schlucken Pillen, nehmen Cremes und halten Diäten. Aber sie essen unregelmäßig, rauchen zu viel und trinken zu häufig Kaffee und Alkohol.

Übernehmen Sie selbst die Verantwortung

In Deutschland ist Arbeit immer weniger mit körperlicher Bewegung verbunden. Von 1985 bis 2000 ist der durchschnittliche tägliche Kalorienverbrauch um 600 Kilokalorien zurückgegangen. Immer mehr Kinder sind an Alterszucker erkrankt. Das Übergewicht bereits in jungen Jahren ist symptomatisch. Unser Gesundheitssystem bricht zusammen, da immer mehr Geld für Medizin ausgegeben wird. Alle Reformversuche konnten das bisher nicht aufhalten. Erwarten Sie nicht von anderen eine Lösung. Machen Sie mit bei Ihrer eigenen Gesundheitsreform!

Gesundheit beruht auf natürlichen Prinzipien. Sie entsteht aus regelmäßiger körperlicher Betätigung, richtiger Ernährung, ausreichender Erholung, einer positiven Grundeinstellung und der Vermeidung schädlicher Stoffe. Wie in der Wirtschaft beruht auch das körperliche Wohlergehen auf Fleiß, Ausdauer, Haushalten und Sparen. Das Gesetzt von Saat und Ernte gilt genauso für unseren Körper. Am Ende erhalten wir die Quittung für unseren Lebensstil.

Bewegen Sie sich regelmäßig

Das Hauptproblem der Führungskräfte ist ihr Bewegungsmangel in Verbindung mit allen Formen des Stresses. Beginnen Sie konsequent und regelmäßig, sich zu bewegen. Dreißig Pulsschläge über Ihrem normalen Ruhepuls, 15 bis 30 Minuten am Tag, sorgen bereits für eine existenzielle Verbesserung Ihres Herzkreislaufsystems. Sollten Sie Übergewicht haben, dann müssen Sie sich erst recht bewegen. Das „Chassis" ist natürlich bei jedem anders, aber der Motor muss zum Chassis passen. Im Kapitel II 4.2. finden Sie einige Tipps dazu.

Suchen Sie sich ein bewegungsintensives Hobby

Als körperlicher Ausgleich für Ihren Berufsstress muss es nicht immer das Fitnesscenter oder Joggen sein. Es gibt sinnvolle Alternativen. Jede körperliche Betätigung tut gut – für Ihr Herz und Ihre Seele. Entwickeln Sie ein Hobby, das Ihnen Spaß macht und bei dem Sie Ihre Muskeln einsetzen müssen, bei denen aber dennoch Ihr Kopf frei bleibt und Sie Ihre Gedanken wandern lassen können. Der

Garten ist das ideale Versuchsfeld. Nach ein oder zwei Stunden Umgraben oder Unkraut Jäten können Sie in der folgenden Nacht hundertprozentig durchschlafen.

Oder werden Sie Mitglied in einem Wanderverein. Hier können Sie auf ideale Weise Ihre körperlichen und sozialen Bedürfnisse miteinander verbinden. Bauen Sie eine Sauna in den Keller. Aber verwenden Sie bitte keinen Fertigsatz. Dann haben Sie für ein Jahr eine körperliche Herausforderung und am Ende ein unbeschreibliches Erfolgserlebnis. Haben Sie einen offenen Kamin, dann schlagen Sie Ihr Holz selbst. Sie wissen vielleicht noch nicht, dass Holz dreimal warm macht: Beim Sägen, beim Hacken und beim Heizen.

Vermeiden Sie Lärm

Ein körperlicher Stressfaktor, den Sie nicht kritisch genug einschätzen können, ist der Lärm. Er stresst einen oft unbewusst. Ob das ein Großraumbüro ist, der Verkehrslärm oder die zu laute Musik im Hintergrund. Gehen Sie Lärm aus dem Weg. Wenn Sie können, sorgen Sie bewusst für Ruhezeiten. Absolute Stille ist zunächst gewöhnungsbedürftig, dann aber eine Quelle der Entspannung und Erholung (vgl. I 1.6.).

Spielen entspannt

Eine weitere Quelle für Entspannung und Erholung ist das Spiel (vgl. II 4.5.). Führungskräfte haben es verlernt zu spielen. Im Ruhestand, wenn die Zeit da wäre, können sie es nicht mehr. Schauen Sie mal nach Frankreich, Italien oder Griechenland. Die Menschen dort spielen Boule, tanzen Sirtaki und sitzen in den Cafés mit Brettspielen. Die Herzinfarktrate liegt deutlich unter der unseren.

Ernähren Sie sich richtig. Im Kapitel II 4.3. finden Sie Anregungen zu diesem wichtigen Thema.

Bei welchen Hobbys können Sie sich körperlich betätigen?

Denkanstoß 5: Körperlicher Ausgleich im Hobby

▶ **Wer schwitzt, ist glücklich. Schwitzen Sie täglich einmal!**

2.5. Stärken Sie Ihre Leistungsfähigkeit durch Lernen (Vitalbereich 2)

Lernen hält fit

Lebenslanges Lernen ist seit Jahren ein Schlagwort, das durch die Führungskräfteetagen geistert und das sich zunächst auf die berufliche Situation bezieht. Jedem leuchtet es sofort ein, dass die technischen, organisatorischen, markttechnischen Veränderungen alle möglichen Arten von Anpassungsprozessen beim Einzelnen bedingen. Dass aber diese Erkenntnis auch auf alle anderen Lebensrollen zu übertragen ist, ja sogar auf die Vitalbereiche selbst anzuwenden ist, fällt nicht sofort ins Auge.

Wann haben Sie das letzte Mal etwas für Ihre Ehe, für Ihre Kinder oder für Ihren Charakter gelernt? Wann haben Sie sich mit Ihrem Körper, Ihrer Gesundheit, Ihrem Rücken auseinandergesetzt? Haben Sie sich schon einmal um Ihr „Seelenheil" gekümmert? Oder überhaupt um das Thema Lernen? Der Vitalbereich 2 durchdringt das ganze Leben, und Sie tun gut daran, wenn Sie dem Lernen große Aufmerksamkeit schenken.

Lernen im Beruf

Im Beruf befindet sich das Hauptfeld des Lernens. Viele Personalabteilungen bieten den Mitarbeitern eine systematische Weiterentwicklung. Da könnte der Eindruck entstehen, dass Weiterbildung eine Aufgabe des Unternehmens ist. Das ist sicher auch richtig, aber es ist und bleibt zunächst eine Aufgabe und Herausforderung jedes Einzelnen. Prüfen Sie daher Ihre persönliche Situation hinsichtlich der heutigen und zukünftigen Herausforderungen in fachlicher, persönlicher und führungstechnischer Sicht. Entwickeln Sie Ihr eigenes Personalentwicklungskonzept. Scheuen Sie sich auch nicht, eigenes Geld und Freizeit für Ihre Weiterbildung auszugeben. Beginnen Sie einfach mit einem Sprachkurs an der Volkshochschule.

Lernen Sie in Ihrer Ehe

Auch die Ehe ist eine ständige Herausforderung an unsere Lern- und Anpassungsfähigkeit. Günter F. Gross nennt in seinem Bestseller „Beruflich Profi, privat Amateur?" die Ehe nicht eine Institution, sondern ein Projekt. Der Ehepartner ist der einzige Partner, mit dem Sie einen lebenslangen Vertrag haben, und er ist zugleich Ihr wichtigster „Kunde". Das erfordert, Kreativität zu entwickeln, ständig die Bedürfnisse des anderen zu erforschen und zu berücksichtigen. Besuchen Sie z. B. mit Ihrem Partner ein Eheseminar. Es wird Ihre Beziehung durch neue Einsichten vertiefen.

Lernen in der Familie

Wer Kinder hat weiß, dass man ständig herausgefordert ist, Neues zu lernen. Spätestens wenn die Kleinen zwölf Jahre alt sind, akzeptieren sie immer weniger „alte Gewohnheiten" und zeigen einem jeden Widerspruch im eigenen Handeln oder Ermahnen auf. Wer selbst raucht, wird seiner dreizehnjährigen Tochter kaum erzählen können, dass Rauchen ungesund sei. Neue Musik- und Moderichtungen, neue Denkweisen werden den Eltern radikal aufgezwungen. Das kostet viel Energie – zwingt einen aber auch, fit für Neues und bereit für Veränderungen jeder Art zu bleiben.

Lernen Sie aus Fehlern

In der Verhaltensforschung wird Intelligenz als Lernen aus Fehlern definiert. Lernen Sie aus Ihren Fehlern. Waren Sie zu vertrauensselig und haben negative Erfahrungen machen müssen? Binden Sie künftig Ihren Ehepartner in wichtige Entscheidungen ein. Oder haben Sie zu große, vielleicht unausgesprochene Erwartungen an Ihre Kinder gestellt und sind diese mit den Erwartungen nicht fertig geworden? Ermutigen Sie Ihre Kinder mit einem Hinweis auf Ihre eigenen Schwächen und Schwierigkeiten. Gestehen Sie Fehler ein und entschuldigen sich bei Kollegen und Mitarbeitern.

Lernen lernen

Übrigens: Die Steigerung der Intelligenz ist das Lernen aus den Erfahrungen anderer! Suchen Sie sich einen Mentor oder Coach. Oder lesen Sie eine spannende Wirtschaftsbiographie. Das kann Sie vor manchem Fehler bewahren.

Investieren Sie in Ihre Lernfähigkeit. Besuchen Sie ein Seminar zum Thema Lernen oder lesen Sie den Bestseller von Vera F. Birkenbihl: „Stroh im Kopf?".

Aus welchen Fehlern haben Sie Lebenserfahrung gewonnen?

Denkanstoß 6: Lebenserfahrung durch Fehler

▶ **Lernen Sie jeden Tag etwas Neues!**

2.6. Finden Sie Ihren Lebenssinn (Vitalbereich 3)

Eine Führungskraft kam vor 2000 Jahren zu Jesus und fragte: „Guter Meister, was muss ich tun, um das ewige Leben zu erhalten?" (Die Bibel, Lukas 18,18). Eine eigenartige Frage, die so gar nicht in unsere Zeit zu passen scheint. Oder haben Sie schon einmal über das „ewige Leben" nachgedacht?

Viele Systemtheoretiker definieren den Zweck oder den Sinn eines Systems immer vom übergeordneten System her. Es gibt nichts, was seinen Sinn in sich selbst haben könnte. Es bedarf eines Bezugrahmens. Viele Menschen suchen daher ihren Lebenssinn in der Gemeinschaft, in der Gesellschaft oder direkt im Unternehmen mit seiner Aufgabe der Bedürfnisbefriedigung für die Kunden.

Existiert Gott?

Dringt man aber tiefer in die Frage nach dem Sinn, nach dem Woher, Wozu und Wohin unseres Lebens, dann kommt man an der Frage nach Gott nicht vorbei. Gibt es überhaupt einen Gott? Hat er uns geschaffen und gewollt? Hat er noch die Kontrolle über das, was geschieht? Existiert ein Leben nach dem Tod oder ist mit dem Sterben alles aus und somit unser Leben letztlich sinnlos?

Der deutlichste Hinweis auf Gott ist die Schöpfung selbst, das ganze Universum mit der Erde und dem Leben, das sich darauf entwickelt hat. Die Komplexität eines einfachen Proteins oder gar die Genialität eines Gens macht es einem fast unmöglich, das alles als Zufall abzutun. Viele Naturwissenschaftler sind ja gerade durch ihre Forschungen und Erkenntnisse immer wieder auf die Existenz Gottes gestoßen. Die Großartigkeit der Schöpfung hat einen tiefen Glauben an Gott in ihnen hervorgerufen.

Welches Verhältnis haben Sie zu Gott?

Wenn Sie diesen ersten Schritt gemacht haben, dann kommen Sie automatisch zum nächsten, nämlich zu der Frage: Wie ist mein Verhältnis zu diesem Gott? Was will er von mir? Muss ich mich vor ihm rechtfertigen? Oder wie Luther es frommer formulierte: „Wie bekomme ich einen gnädigen Gott?"

Schuld und Sühne

Die innere Auseinandersetzung vor Gott ist grundehrlich. Sie können sich vor Gott nicht verstecken. All Ihre Schwächen liegen offen: Ihre Ängste, Ihr Versagen, Ihre Verfehlungen und Ungerechtigkeiten. Jede falsche Steuererklärung – und sei es nur der Versuch, die privaten Bewirtungskosten als Betriebsausgaben zu deklarieren –, jede Missachtung der Kollegen oder Mitarbeiter, jeder kleinste Betrug am Kunden gewinnt plötzlich an Gewicht. Instinktiv spüren viele Menschen, dass sie in der Gegenwart Gottes schlecht dastehen und diese daher besser zu meiden, am besten gleich ganz zu leugnen ist. Ohne dass ihre Schuld vor Gott gesühnt wird, können sie Gottes Gegenwart nicht ertragen. Es ist daher eine menschliche Existenzfrage, wie Schuld gesühnt werden kann.

Vergebung und Befreiung

Der christliche Glaube gibt hier eine klare Antwort. In der Bibel (Johannes 3,16–17) steht: „Also hat Gott die Welt geliebt, dass er seinen einzigartigen Sohn gab, damit alle, die an ihn glauben, nicht verloren werden, sondern das ewige Leben haben. Denn Gott hat seinen Sohn nicht in die Welt gesandt, dass er die Welt richte, sondern dass die Welt durch ihn gerettet werde. Wer an ihn glaubt, der wird nicht gerichtet." Das ist eine sehr befreiende Botschaft, da sie die Möglichkeit aufzeigt, wie Sie mit Ihrer persönlichen Schuld vor Gott und vor sich selbst fertig werden.

Sinn und innerer Frieden

Sind Sie mit Gott im Reinen, sind Sie auch mit sich selbst im Reinen. Die Chancen, sich mit Ihren Mitmenschen wieder zu versöhnen, einen Neuanfang zu machen, sind sehr viel größer. Denn Ihr Verhältnis zu Gott hat immer Auswirkungen auf Ihr Verhältnis zu Ihrer Umgebung. Versöhnung ist da möglich, wo man sich selbst angenommen weiß; wo einem Schuld vergeben wurde, kann man auch selbst vergeben. So kann innerer und äußerer Friede entstehen.

Ihr Leben bekommt einen tieferen Sinn, wo Sie sich auf Gott einlassen und damit einen verlässlichen Punkt außerhalb sich selbst haben. Ein Leben in Verantwortung vor Gott ist ein sinnvolles und erfülltes Leben. Ein Mensch, der sich von Gott angenommen und geliebt weiß, muss seine Daseinsberechtigung nicht erst durch Leistung zeigen. Er wird Gelassenheit und Souveränität erlangen.

Aus welchen Fehlern haben Sie Lebenserfahrung gewonnen?

Denkanstoß 7: Einbezug Gottes bei Entscheidungen

▶ **Denken Sie über Ihre Beziehung zu Gott nach!**

2.7. Planen Sie mehr Zeit für Ihre Familie und Freunde ein (Vitalbereich 4)

Kein Vitalbereich wird von Führungskräften so schmerzhaft vernachlässigt wie der Bereich der Beziehungen zur Familie und zu Freunden. Bei der Familie ist man sich dessen oft bewusst und glaubt fälschlicherweise, wegen des Erfolges im Beruf vorübergehend die Familie vernachlässigen zu dürfen – man macht ja schließlich nur wegen der Familie Karriere.

Teilen Sie Freud und Leid

Bei Freunden sind die negativen Auswirkungen nicht so schnell zu sehen. Aber wer hier nichts investiert, muss irgendwann die wenigen freien Abende dann wirklich alleine verbringen. Wer Krisen in seinem Leben durchgemacht hat weiß, dass – neben der Familie – Freunde einem am ehesten in einer schwierigen Lage Mut machen und ein Stück Sicherheit und Geborgenheit geben. Aber auch Ihre Erfolge sind doch nicht viel wert, wenn Sie niemanden haben, mit dem Sie diese feiern können.

Beziehungen sind aber ohne Zeit nicht zu realisieren. Sie müssen jemanden erst kennen lernen und verstehen, bevor so etwas wie eine Beziehung entsteht. Sie müssen einem Familienmitglied oder Freund zuhören, um seine Probleme, seine Meinung oder seine Entscheidung zu verstehen. Es dauert, bis sich eine Beziehung so weit entwickelt hat, dass nur das bloße Zusammensein schon gut tut und einen innerlich stärkt.

Hier einige Ratschläge, die Ihnen helfen können, Beziehungen zu vertiefen und zu pflegen:

Pflegen Sie Ihre Ehe

Denken Sie daran: Die Ehe ist ein Projekt, an dem Sie intensiv arbeiten müssen. Keine Ehe läuft automatisch von alleine gut – sie muss bewusst gestaltet werden. Suchen und pflegen Sie regelmäßig gemeinsame Interessen wie beispielsweise Tennis, Golf, ein kirchliches Engagement oder kulturelle Veranstaltungen. Ein Abo im Theater gibt mancher Ehe erstaunlichen Halt, vor allem, wenn es mit einem romantischen Bummel durch die Nacht oder einem schönen Abendessen verbunden wird. Planen Sie konsequent einen Abend pro Woche mit Ihrem Ehepartner alleine ein. Das ist eine gute Einrichtung, um die Sie aber bei jeder Wochenplanung kämpfen müssen (vgl. II 1.3.).

Verbringen Sie bewusst Zeit mit der Familie

Das gemeinsame Abendessen wäre ideal, ist aber nur bei wenigen möglich. Zu vielfältig sind die Terminkalender bereits bei den Kindern. Aber das gemeinsame Essen am Freitagabend, Samstagmorgen und Sonntagmittag wäre bei etwas gutem Willen schon zu realisieren. Eine Reise nach Disneyland oder auf eine „Ritterburg" für die Kleinen, ein Konzert gemeinsam mit den Teenies – einen Versuch wäre es wert. Ein gemeinsamer Urlaub könnte von der gesamten Familie gestaltet werden und so für alle attraktiv sein.

Nehmen Sie sich Zeit für Ihre Kinder

Mit Teenagern, manchmal schon ab zwölf Jahren, ist es fast unmöglich, etwas zu planen. Umso hellhöriger müssen Sie Chancen wahrnehmen, wenn die Jugendlichen sich öffnen und etwas über sich und ihr Leben erzählen wollen. Das kann um 23 Uhr sein, wenn Sie todmüde ins Bett fallen, oder gerade dann, wenn Sie einen wichtigen Bericht schreiben wollen. Die Kinder haben Vorrang, denn einen anderen Zeitpunkt für das Gespräch auszumachen, ist sinnlos. Jugendliche sind nicht auf Kommando in der Stimmung, über ihre Probleme zu reden.

Helfen Sie im Haushalt

Auch als beruflich eingespannte Führungskraft und Herrscher über ein ganzes Unternehmen sollten Sie im Haushalt Ihren Teil beitragen – Ihrer Kinder wegen. Mein Vater, der sonst im Haushalt nichts gemacht hat, trug aber immer den Mülleimer runter, den sonst absolut keiner wegschaffen wollte. Daran erinnere ich mich noch heute. Steuern Sie Ihren, wenn auch vielleicht nur kleinen Anteil zum Gelingen des Haushaltslebens bei.

Pflegen Sie aktiv Ihre Freundschaften

Alte Freundschaften müssen gepflegt werden. Auch hier gilt: das Geheimnis liegt in der Regelmäßigkeit. Veranstalten Sie einmal im Quartal eine Cigarnight oder einen Feinschmeckerabend, an dem der Chef oder die Chefin selbst kocht. Oder einen Literaturabend, einen Stammtisch mit interessanten Themen oder eine Weinprobe für Kenner. Der Aufwand ist nicht entscheidend, sondern die Herzlichkeit und Gastfreundschaft, mit der Sie Ihre Freunde bewirten.

▶ **Pflegen Sie regelmäßig Freundschaften und Beziehungen!**

2.8. Zusammenfassung

1. Bauen Sie Ihren Lebensentwurf nicht nur auf Haben, sondern auf Sein!
2. Tanzen Sie nicht auf jeder Hochzeit!
3. Gleichgewicht erfordert ein „Sowohl-als-auch-Denken“!
4. Wer schwitzt, ist glücklich. Schwitzen Sie täglich einmal!
5. Lernen Sie jeden Tag etwas Neues!
6. Denken Sie über Ihre Beziehung zu Gott nach!
7. Pflegen Sie regelmäßig Freundschaften und Beziehungen!

Literaturempfehlungen

Vera F. Birkenbihl: Stroh im Kopf? Offenbach: Gabal 1999.

Stephen R. Covey, A. Roger Merrill und Rebecca R. Merrill: Der Weg zum Wesentlichen. Zeitmanagement der vierten Generation. Frankfurt am Main: Campus 1997.

Günter F. Gross: Beruflich Profi, privat Amateur? Berufliche Spitzenleistungen und persönliche Lebensqualität. Landsberg am Lech: Moderne Industrie 1999.

Jörg Knoblauch: Berufsstress ade! 33 erprobte Strategien für den beruflichen Alltag. 6. Aufl. Wuppertal: R. Brockhaus u. a. 2001.

Gordon MacDonald: Getrieben oder berufen? Hochheim: Projektion-J-Verlag 1988.

Lothar J. Seiwert, 22 Time & Life Management-Tipps. Bergisch Gladbach: VALCONT GmbH (gratis zu bestellen unter: 0 22 04/ 86 91 24).

Einladung zum Umsetzen: Was möchten Sie ändern?

Aktivitäten	Termin	✓

Teil I Kapitel 3.

Wertvolle Ziele souverän finden: Den Kompass justieren

3.1. Klären Sie Ihre Werte

Welches sind Ihre Werte?

Welche Gedanken, welche Grundüberzeugungen, welche Werte bestimmen eigentlich Ihr Handeln in den großen, strategischen Entscheidungen, aber auch in den alltäglichen? Woran können Sie Ihren inneren Kompass justieren, damit Sie vor sich und Ihrer Umwelt in kritischen Situationen bestehen können? Sie benötigen Werte, die Ihren Handlungsrahmen abstecken, die verhindern, dass Sie zum Spielball der Sachzwänge und der Interessen anderer Menschen werden. Sie benötigen Werte, die Sie unabhängig und frei machen – die Ihnen Souveränität verleihen!

Paul van Buitenens Kampf

Kennen Sie den persönlichen Lebensbericht von Paul van Buitenen, „Unbestechlich für Europa" (Brunnen Verlag, Gießen und Basel 1999)? Dieser ehemalige Buchhalter in der Europäischen Kommission fühlte sich als loyaler Beamter und Christ dazu gedrängt, Korruptionsskandale innerhalb der EU aufzudecken und unerschrocken gegen Unregelmäßigkeiten und Betrügereien von Vorgesetzten und Kommissionen zu kämpfen. Durch seinen unermüdlichen Einsatz gelang es ihm schließlich, die gesamte erste Europaregierung zu Fall zu bringen. Er hatte klare Werte für sein Leben, nämlich Wahrheit und Zivilcourage, und diese bestimmten sein Handeln.

Welche Werte bestimmen Ihr Handeln? Was macht Sie zu einer wertvollen Führungskraft? Wertvolle Führungskräfte sind außergewöhnliche Menschen. Eine ganze Branche von Headhunters hat sich darauf spezialisiert, diese aufzuspüren, und Unternehmen sind bereit, horrende Gehälter zu bezahlen.

Kompetenz, Belastbarkeit und Charakterstärke

Diese „High Potentials" zeichnen sich durch eine Kombination von Kompetenz, Belastbarkeit und Charakterstärke, also hohe Wertmaßstäbe, aus. Wichtig ist, dass alle drei Qualitäten vorhanden sind, zwei reichen nicht aus. Wenn Kompetenz fehlt, ist Karriere nicht möglich. Wenn Belastbarkeit fehlt, gibt es kein Durchhaltevermögen und keine Ergebnisse. Und wenn Charakterstärke fehlt, ist die Gefahr groß, dass einer den Versuchungen des Geldes und der Macht unterliegt und seine eigenen Interessen über die der Firma stellt.

In Gott Sinn finden

Richten Sie Ihre Wertmaßstäbe nicht allein am Marktwert aus. Der kann sich von heute auf morgen radikal verändern. Was Sie als Mensch wertvoll macht, ist entscheidend. Diese Frage können Sie aber kaum beantworten, ohne über den Sinn Ihres Lebens nachzudenken. Und da kommen Sie an der Frage nach der Existenz Gottes nicht vorbei. Es fällt manchem schwer, sich selbst als Schöpfung Gottes zu betrachten. Sich selbst aber nur als Zufallsprodukt anzusehen, ist auch nicht automatisch ein Zeichen von großer Intelligenz. Gerade die neuen Forschungsergebnisse aus den Bereichen die Biogenetik weisen doch so deutlich auf einen geplanten Schöpfungsakt hin, dass Sie getrost diese These einmal akzeptieren können.

Paul von Buitenen hat seine hohen Wertmaßstäbe aus der Kraft des christlichen Glaubens gezogen. Christen haben Werte, weil sie in Verantwortung vor Gott handeln. Diese Werte machen sie für andere Menschen und für Unternehmen oft wertvoll. Können Sie die folgenden Werte für sich übernehmen?

- Gott ist die höchste Autorität. Das macht Sie unabhängig und frei von Vorgesetzten, von Mehrheitsmeinungen und von den berechtigten oder unberechtigten Erwartungen anderer. Sie vertreten unpopuläre Entscheidungen, wenn es der Organisation hilft. Es verleiht Ihnen aber auch Treue und Charakterstärke, wo Sie unbeobachtet sind und ohne Folgen für sich „falsch" handeln könnten.

Gott macht Sie unabhängig

- Sie wissen sich geliebt und angenommen. Ihre persönliche Schuld ist Ihnen vergeben. Sie haben dadurch einen echten Frieden mit sich selbst. Sie müssen nicht Ihre Profilneurosen auf Kosten der Produktivität ausleben und können Kritik und Veränderungen annehmen, ohne auf Revanche zu sinnen. Sie können sich selbst und anderen Fehler verzeihen und Vertrauen immer wieder wagen.

Gott gibt Ihnen inneren Frieden

- Sie achten die Wahrheit und die Einheit von Gedanken, Worten und Taten. Ihr Wort gilt etwas. Sie werden zum zuverlässigen Partner für Vorgesetzte, Mitarbeiter und Kunden.

Wahrheit verleiht Ihren Worten Kraft

- Sie haben ein distanziertes Verhältnis zu materiellen Werten. Das macht Sie unbestechlich und Sie neiden anderen nicht den Erfolg. Sie können die Leistung des anderen anerkennen. Der Erfolg des Teams ist Ihnen genauso wichtig wie die eigene Karriere.

Materielle Werte sind zweitrangig

Einladung zum Weiterdenken: Welche Werte opfern Sie nicht Ihrer Karriere?

▶ **Geben Sie Ihrem Leben Sinn, Halt und Orientierung durch Werte!**

3.2. Gehen Sie mit Zielen richtig um

Mit Kanonenkugeln auf Bäume schießen?

Während des Krieges von 1812 näherten sich Schiffe der Königlich-Britischen Marine dem Hafen von St. Michaels, einem Fischerdorf an der Ostküste des amerikanischen Bundesstaates Maryland. Das britische Kommando glaubte, eine verwundbare Zielscheibe gefunden zu haben, und versäumte es in seinem Eifer, einen Kundschafter an Land zu schicken. Inzwischen hatten die Dorfbewohner, die die Gefahr erkannten, alle Lichter im Dorf ausgelöscht und jede verfügbare Lampe in die Bäume eines nahe gelegenen Waldes gehängt. Die ganze Nacht über schossen die britischen Truppen Kanonenkugeln ins Ziel – von denen die meisten zwischen die Bäume fielen (vgl. Porter S. 102). Was können Sie aus dieser Geschichte lernen?

- Die richtigen Ziele zu finden, kann schwieriger sein, als Sie denken.
- Auf ein falsches Ziel zu zielen, kann enorme Verluste an Energie, Geld oder Zeit verursachen.
- Ziele müssen immer wieder analysiert und überprüft werden.

Konzentrieren Sie Ihre Kräfte auf das Ziel

Die Bedeutung von Zielen können Sie nicht hoch genug einschätzen. Ziele sind die Quelle Ihrer Tatkraft. Ziellosigkeit aber ist die Hauptursache für den Mangel an Erfolg. Der Jäger der Steinzeit spannte den Bogen, wenn er das Ziel sah. Hier sehen Sie die Wirkung des Zieles auf das Werkzeug. So wirkt das Ziel auch auf Ihren Willen. Es spannt all Ihre Bewusstseinskräfte. Das Ziel ist so das beste Selbsterziehungsmittel und lenkt Ihren Willen und Ihre ganze Kraft auf einen Punkt.

Suchen Sie aktiv Ziele

Wer keine Ziele hat, sollte alle Kraft darauf verwenden, persönliche Ziele zu entwickeln. Suchen Sie Ziele, in denen Ihre individuellen Fähigkeiten und Fertigkeiten am besten eingebracht werden können. Nehmen Sie sich Zeit dafür – zunächst nur 30 Minuten! „Wer an sein Ziel glaubt, der glaubt an seinen Erfolg. Das gibt ihm Kraft, vorzudringen bis an dieses Ziel. Auf das disziplinierte Suchen nach dem persönlichkeitsgerechten Ziel kommt es an.“ Das formulierte bereits 1923 der Urvater aller Managementmethoden, Alfred Großmann. Das Konzept der Lebensrollen und Vitalbereich zeigt Wege, wie Sie das systematisch erreichen können (vgl. I 3.5.)

Das SMART-Konzept zum Formulieren von Zielen

Wenn Sie Ihre mittel- und kurzfristigen Ziele für Ihre Lebensrollen und Vitalbereiche formulieren, suchen Sie inhaltlich wertvolle Ziele. Sie müssen Ihren Werten entsprechen. Formal achten Sie darauf, dass Ihre Ziele „*smart*" formuliert sind, wie es die Amerikaner sehr intelligent auf den Punkt bringen:

Spezifisch

Ziele müssen konkret formuliert sein. Sonst geht von ihnen keine Kraft aus. Die Phantasie soll eine klare Vorstellung besitzen, von dem Zustand, den Sie erreichen wollen. Wenn Sie ein Bild von der Zukunft malen, das verlockend ist, das detailliert schon die Vorteile erkennen lässt, dann wird sich das auch auf Ihren Willen auswirken, etwas für die Erreichung dieses Zieles zu tun. **S**

Messbar

Das ist der schwierigste Teil der Zielformulierung. Er setzt voraus, dass Sie schon tiefer in das Problem eingedrungen sind, dass Sie schon eine Vorstellung von der Lösung haben. Eine saubere Problemanalyse zeigt meist Lösungsansätze auf. Damit können Sie Faktoren, die Sie verändern wollen, beschreiben und bewerten. Und was Sie bewerten und messen können, können Sie auch verbessern. **M**

Aktionsorientiert

Ein Ziel sollte aufzeigen, was getan werden muss. Es sollte auf positive Aktionen hinweisen. Es reicht nicht aus zu sagen, was *nicht* getan werden darf. **A**

Realistisch

Ziele können hoch gesteckt sein, sie müssen aber Ihren Begabungen und Ressourcen angepasst werden. Und Sie müssen das Ergebnis auch wirklich beeinflussen können. **R**

Terminierbar

Ein Ziel sollte immer einen zeitlichen Bezug haben – entweder einen Endzeitpunkt oder aber regelmäßige, wiederkehrende Termine. Dadurch schaffen Sie Verbindlichkeit. **T**

▶ **Verfolgen Sie nur wertvolle und klare Ziele!**

3.3. Bündeln Sie die eigenen Kräfte

Warum sollen Sie überhaupt zielgerichtet denken und handeln in Ihrem Leben? Was sind die Vorteile, wenn Sie sich auf Ihre Ziele konzentrieren? Ich möchte Ihnen zur Beantwortung dieser Fragen von einer Begebenheit aus dem amerikanischen Unabhängigkeitskrieg berichten, die einen Bezug zur aktuellen Situation von Führungskräften herstellt:

Der bessere Strategе gewinnt

Im Jahre 1777, etwa in der Mitte des Krieges, wurde die Schlacht von Saratoga geschlagen. Manche sind der Meinung, dass dieses Gefecht der Wendepunkt des Unabhängigkeitskrieges war. Am Vorabend der Schlacht wurde den Nationaltruppen klar, dass das englische Regiment, auf das sie am nächsten Tag treffen würden, über mehr Soldaten, mehr Schießpulver, mehr Gewehre und mehr Munition als sie verfügte.

Daniel Morgan aus New Hampshire kommandierte eine verrufene Gruppe von Farmern, bekannt als „Morgans Rifles“. Er traf sich mit seinen Männern in der Nacht vor der Schlacht und sagte zu ihnen: „Verschwendet keinen Schuss auf die, die für sechs Pence pro Tag kämpfen. Hebt eure Munition für die Männer mit den Schulterklappen auf!“ (Vgl. Walling 1999, S.2)

Die Strategie dieses Truppenführers war offensichtlich. Die wenige Munition, die noch vorhanden war, sollte nur für die Offiziere des feindlichen Heeres eingesetzt werden. Der Erfolg gab ihm Recht: Schon am zweiten Tag ergaben sich die Engländer, obwohl sie immer noch mehr Männer und mehr Munition hatten, aber sie verfügten kaum noch über Offiziere.

Verzetteln Sie sich nicht

Führungskräfte sind immer in der Gefahr, „auf alles zu schießen, was sich bewegt“. Sie sehen zu viele Aufgaben, die sie sofort angehen könnten. Das Ergebnis ist oft, dass sie zu viele Projekte haben, auf zu vielen Baustellen gleichzeitig arbeiten und alles nur mittelmäßig gut erledigen. Es kann sogar eine regelrechte Verzettelung durch zu viel Projekt- und Routinearbeit entstehen. Man springt konzeptlos von einer Aufgabe zur anderen.

Wirkliche Spitzenleistungen sind so nicht möglich. Diese fordern hohe Konzentration. Ziele helfen Ihnen, sich auf das wenige zu konzentrieren, wo Sie am meisten bewegen können. Sie helfen Ihnen auch, die Balance zwischen den Lebensrollen (Beruf, Familie und andere) herzustellen und die notwendige Berücksichtigung Ihrer Vitalbereiche (Körper, Geist und Seele sowie Beziehungen) zu sichern.

Konzentrieren Sie sich auf das Führen

Bei Führungskräften der mittlern und oberen Ebene leidet oft die Führungstätigkeit unter den vielfältigen Fach- und Sachaufgaben. In Krankenhäusern ist oft zu beobachten, dass nur zehn Prozent der Zeit für das Führen der Station aufgewendet wird und neunzig Prozent für das „selber mit anpacken". Das Ergebnis sind häufig Motivationsprobleme der Mitarbeiter und Doppelarbeit durch eine schlechte Ablauforganisation. Eine Führungskraft muss sich auf *Führung* konzentrieren.

Bewahren Sie das Gleichgewicht

Sich auf seine Ziele zu konzentrieren, heißt nicht automatisch, dass keine Zielkonflikte mehr da sind. Selbst wenn Sie nur wenige, wichtige Ziele haben, können diese im Widerspruch zueinander stehen. Wenn Sie den Gleichgewichtsgedanken in Ihrem Leben verfolgen, darf ein Ziel nicht auf Kosten eines anderen realisiert werden (vgl. I. 2.). Das erfordert weitsichtiges Denken und Kompromissfähigkeit. Ihre Ziele im Beruf dürfen nicht Ihre Ziele für die Familie zerstören. Das Gleichgewicht der Rollen und der Vitalbereiche kann eine Reduzierung der Ziele im Beruf bedeuten. Um den finanziellen Spielraum für die Familie zu vergrößern, müssen Sie vielleicht auf das lang ersehnte Traumhaus verzichten. Beurteilen Sie Ihre Ziele aus der Gesamtsicht Ihres Lebens.

Was ist Ihr wichtigstes Ziel im Beruf und in der Partnerschaft?

Denkanstoß 1: Wichtigste Ziele

Welche beruflichen Ziele stehen im Widerspruch zu Ihren Zielen für Gesundheit und Familie?

Denkanstoß 2: Zielkonflikte

► **Lassen Sie Ihre Ziele nicht aus den Augen!**

3.4. Lassen Sie sich von Ihren Zielen ziehen

Menschen empfinden Ziele manchmal als Last. Die Firmenleitung setzt Ziele oder der Vorgesetzte gibt sie vor. Wie ein großer Druck lasten sie auf einem und verursachen Stress. Ziele sind aber eigentlich nur das, was Sie selbst wollen. Auch in autoritär geführten Firmen spricht man bewusst von Zielvereinbarung – wenn überhaupt durch Ziele geführt wird. Das ist ein Vertrag, der von beiden Seiten geschlossen wird.

Ziele motivieren

Sie sollten diesen Vertrag nur unterschreiben, wenn Sie mindesten 80 Prozent dieser Ziele zustimmen oder wenigstens die Notwendigkeit der Ziele einsehen. Sonst bringen Sie sich um den großen Vorteil, der den Zielen inne wohnt, nämlich die Motivation. Ziele motivieren, spornen zu Höchstleistungen an und geben Ihnen Kraft und Ausdauer. Das folgende Ereignis veranschaulicht dies gut:

Am 4. Juli 1952 startete die 34-jährige Florence Chadwick unter der Begleitung nationaler Fernsehsender auf der Insel Catalina, um von dort die 34 Kilometer durch den Pazifik nach Kalifornien zu schwimmen. Sie war entschlossen, diese Strecke als erste Frau zu bewältigen. Die kalifornische Küste lag in dichtem Nebel und sie hatte Probleme, ihre Begleitboote überhaupt zu erkennen. Dazu kam die eisige Kälte des Wassers, die ihr schwer zu schaffen machte.

Ziele geben Kraft

Über fünfzehn Stunden später bat sie, vor Kälte steif, aus dem Wasser geholt zu werden. Sie konnte nicht mehr. Auch der Aufruf ihrer Mutter und ihres Trainers, nicht aufzugeben, weil die Küste schon ganz nah sei, half nichts. Sie sah nur den dichten Nebel vor sich und gab auf. Einige Stunden später kam der Schock über ihren Misserfolg. Nur eine halbe Meile vor der kalifornischen Küste hatte sie sich aus dem Wasser ziehen lassen! Als sie gefragt wurde: „Was hat Sie davon abgehalten, diese letzte halbe Meile zu schwimmen?“, antwortete sie: „Es war der Nebel. Wenn ich das Land hätte sehen können, hätte ich es geschafft. Wenn man da draußen schwimmt und sein Ziel nicht sehen kann …“

Behalten Sie Ihre Ziele im Auge

Geht es nicht mancher Führungskraft ebenso? Die Anstrengung ist groß, aber das Ziel hat man zeitweise aus den Augen verloren. Zu sehr wird der Tagesablauf vom kurzfristigen Denken und Reagieren auf Probleme bestimmt. Da bleibt die Motivation leicht auf der Strecke.

Ziele verbinden

Das Wort Ziel kommt wortgeschichtlich von „ziehen". Ein Ziel ist per Definition attraktiv, man will es erreichen – warum auch immer. Das gilt natürlich erst recht für ein Team. Ein gemeinsames Ziel kann eine Gruppe zusammenschweißen und den Einzelnen zu großartigen und mutigen Taten bewegen. Arbeit wird plötzlich nicht mehr als Last empfunden, sondern als Herausforderung, als sinnvolle Tätigkeit, die einen sogar dazu bringen kann, alles andere zu vernachlässigen.

Lassen Sie sich von Ihren Zielen leiten

Wenn Sie zielorientiert denken und handeln, überlegen Sie „vom Ende her". Das hilft Ihnen schneller zu erkennen, was zum Ziel führend und effektiv ist und was nicht. Diese Denk- und Handlungsweise sollten Sie als ständigen Grundsatz in Ihrem Arbeitsalltag leben. Lassen Sie sich von der Frage leiten: Was führt mich jetzt und hier am schnellsten zu meinem Ziel?

Teilen Sie große Ziele auf

Brechen Sie große Ziele herunter. Das kann *zeitlich* geschehen durch entsprechende Meilensteine. Das kann aber auch *sachlich* geschehen, indem z. B. Unternehmensziele in Teilziele für die einzelnen Abteilungen und Teams zerlegt werden. Achten Sie darauf, dass sich die Teilziele und Zwischenziele in der Hierarchie auch in der Tat ergänzen und keine Widersprüche entstehen. Da Teilziele schneller zu verwirklichen sind, wirken sie sich im Alltag noch spürbarer auf die Motivation aus. Verlieren Sie aber Ihre großen Aufgaben und Lebensziele dabei nicht aus den Augen.

▶ **Lassen Sie sich von Ihren Zielen motivieren!**

3.5. Planen Sie Ihre Lebensziele

Sie sind nicht allein, falls Sie noch nie über Ihre Lebensziele nachgedacht haben. Viele Menschen wollen ihr Leben gar nicht langfristig planen. Ängste, die sie hindern, sind z. B.:

- Angst vor Enttäuschungen oder Konsequenzen,
- Angst vor Entscheidungen und Festlegungen sowie
- die eigene Trägheit oder mangelnde Selbstdisziplin.

Reflektieren Sie regelmäßig Ihre Ziele

Aber wenn Sie Ihr Leben souverän gestalten wollen, müssen Sie etwas wagen und sich auf konkrete Ziele festlegen. Wer wagt, gewinnt. Es wird „Ent-Täuschungen" geben, aber das hat auch seine guten Seiten. Ihnen wird bewusst, wo Sie sich bisher getäuscht haben und Sie können für die Zukunft nur lernen. Planung ist nichts Starres. Planung muss flexibel angepasst werden. Sie sollten mindestens im Jahresrhythmus Ihre langfristigen Ziele regelmäßig überprüfen. Ich empfehle Ihnen, einen ganzen Tag im November – beispielsweise am Buß- und Bettag – systematisch an Ihren Zielen zu arbeiten.

Was ist Ihnen wirklich wichtig?

Wenn Sie Ihre Lebensrollen und Vitalbereiche (vgl. I 2.) festgelegt und damit die Struktur in Ihrem Leben gefunden haben, müssen Sie diese Bereiche mit „Leben" füllen. Entwickeln Sie Ziele für diese Lebensbereiche. Klären Sie, was Sie wirklich wollen, was Ihnen „lebenswichtig" ist. Die Vorgehensweise kann entweder von der Detailplanung zur Gesamtplanung gehen oder umgekehrt. Hier empfehle ich den zweiten Weg: Entwickeln Sie zunächst eine langfristige Vorstellung, eine Vision von Ihrem Leben und brechen Sie diese herunter auf eine 7-Jahresperiode und schließlich auf die Jahresziele. Dabei ist offensichtlich: Je kürzer der Planungshorizont ist, desto „smarter" werden die Ziele (vgl. I 3.2.).

Also: Entwickeln Sie Visionen für Ihre Lebensbereiche. Lassen Sie sich von Ihren Wünschen und Begabungen leiten. Entdecken Sie Ihre Berufung.

Folgende Fragen können Ihnen dabei helfen:

- Woher komme ich? (Familie, Ausbildung, Erfahrungen)
- Was kann ich? (Vorlieben, Persönlichkeit, Werte, Fitness)

- Wohin will ich? (Träume, Mut, Vorbilder, Visionen, Ziele)
- Wie trainiere ich mich selbst? (Lernen, Leisten, Leben)
- Wer unterstützt mich dabei? (Coaching)

Nachfolgend finden Sie ein Beispiel für Lebensziele/Visionen:

Rollen	Lebensziele/Visionen
Körper (Vitalbereich 1)	Gesund sterben
Geist (Vitalbereich 2)	Jeden Tag etwas Neues lernen und etwas davon weitergeben
Seele (Vitalbereich 3)	Gott fürchten und lieben von ganzem Herzen, von ganzer Seele und mit all meiner Kraft
Beziehungen (Vitalbereich 4)	Sechs Freunde, die mich zu Grabe tragen
1. Lebensrolle: Ehemann	Glücklich zu zweit alt werden
2. Lebensrolle: Vater	Mich an den Enkelkindern erfreuen
3. Lebensrolle: Seminarleiter	Ein beliebter Referent, Seminarleiter und Coach sein
4. Lebensrolle: Chef/Vorgesetzter	Das Potenzial der Mitarbeiter entdecken und entwickeln helfen
5. Lebensrolle: Haus	Ein offenes, gemütliches Heim besitzen, in dem ich mich als Gärtner betätigen kann
6. Lebensrolle: Finanzen	Schuldenfrei, ein Jahresgehalt auf der Bank und eine gute Rente, die mir Reisen ermöglicht
7. Lebensrolle: Charakter	Geduldig mit meinen Mitmenschen sein

Beispiel für Lebensziele und Visionen

▶ Entwickeln Sie Ihre Lebensziele/Visionen für Ihre Vitalbereiche und Lebensrollen!

3.6. Nutzen Sie den Rhythmus der 7-Jahresperioden

Planen Sie langfristig

Die Zeit, in der wir leben, ist durch die extreme Kurzfristigkeit und Schnelllebigkeit gekennzeichnet. Daher mag für Sie ein Zeitraum von zwei bis drei Jahren schon als mittel- bis langfristig gelten. Beruflich, im Geschäftsleben stimmt das sicher auch. Aber im Privatleben ist es nicht so: Die Kinder erziehen Sie nicht innerhalb von zwei Jahren. Ihre Ehe ist nicht auf ein paar Jahre angelegt. Die Anschaffung oder der Bau eines Hauses ist eine wesentlich langfristigere Entscheidung. Und Ihr eigener Charakter lässt sich auch nicht in drei Jahren völlig verändern. Mindestens im persönlichen Bereich macht es daher Sinn, die mittelfristige Planung über einen längeren Zeithorizont zu betrachten.

Planen Sie das Leben in 7-Jahresschritten

Für die mittel- und langfristige Planung ist die 7-Jahresperiode ein interessanter Aspekt. Es ist immer wieder zu beobachten, dass bei den meisten Menschen das Leben in 7-Jahresschritten abläuft: Die ersten 7-Jahresperioden (7, 14, 21) sind von der Entwicklung des jungen Menschen bestimmt. Aber dann gibt es sehr häufig mit 28, 35, 42 und 49 Jahren Veränderungen im beruflichen, aber auch manchmal im persönlichen Umfeld. Und auch die letzten Abschnitte mit 56 und 63 sind mit Blick auf den Übergang zum „Ruhestand“ sehr wichtig.

Es lohnt sich daher, die 7-Jahresperiode als Planungshorizont für die mittelfristige Planung und Zielfindung zu benutzen. Gegenüber den Lebenszielen sind die Ziele im 7-Jahresrhythmus schon deutlich konkreter und greifbarer.

Verbessern Sie Ihre Lebensqualität

Nutzen Sie die 7-Jahresperiode, um die Qualität in Ihrem Leben systematisch zu erhöhen. Ein Lebenskünstler lebt ja bekanntlich nicht *länger*, er lebt *intensiver*. Das Bild vom Lebenskünstler ist für die Zielplanung eine gute Vorstellung. Vor allem, wenn es als Superlativ begriffen wird – vom Lehrling zum Gesellen und Meister und schließlich zum Künstler. Also meistern Sie Ihr Leben oder besser: Nutzen Sie die 7-Jahresperiode, um sich zum Lebenskünstler zu entwickeln. Planen Sie dabei die jeweilige Etappe so, dass Ihr Leben im Gleichgewicht ist und Ihnen nicht unterwegs die Kraft ausgeht.

Denken Sie daran: Es gibt ein Leben vor dem Ruhestand.

Nachfolgend finden Sie ein Beispiel für die Ziele der 7-Jahresperioden:

Rollen	Ziele der laufenden/folgenden 7 Jahre
Körper (Vitalbereich 1)	15 Kilogramm abnehmen, Deutsches Sportabzeichen in Gold machen
Geist (Vitalbereich 2)	Französisch lernen, um mich unterhalten zu können; Coachingkompetenz ausbauen
Seele (Vitalbereich 3)	Aktive Rolle in der Kirchengemeinde anstreben; Liebe zur Musik entfalten
Beziehungen (Vitalbereich 4)	Alte Freundschaften pflegen, zwei neue entwickeln
1. Lebensrolle: Ehemannn	Eheleben ohne Kinder im Haushalt vorbereiten
2. Lebensrolle: Vater	Mit den Kindern im Gespräch bleiben, auch wenn sie immer häufiger gehen
3. Lebensrolle: Seminarleiter	Vortragstätigkeit weiter ausbauen. Kompetenz für die Schnittstelle zwischen Beruf und Glaube/Lebenssinn entwickeln
4. Lebensrolle: Chef/Vorgesetzter	Mich immer mehr überflüssig machen
5. Lebensrolle: Haus	Kinderzimmer in Einliegerwohnung umbauen
6. Lebensrolle: Finanzen	Betriebsmitteldarlehen zurückzahlen
7. Lebensrolle: Charakter	Vorbilder finden

Beispiel für Ziele der 7-Jahresperioden

▶ Werden Sie zum Lebenskünstler!

3.7. Formulieren und verinnerlichen Sie Ihre Jahresziele

Die Jahreszeiten prägen unser Denken. In der Firma vereinbaren Sie Ziele fast ausschließlich als Jahreszielvereinbarungen. Ein Jahr ist noch überschaubar, bietet aber bereits Spielraum zum Verwirklichen relativ komplexer Aufgaben. Der Planungshorizont eines Jahres gewährleistet Kontinuität, er bewirkt aber auch Motivation, da die Ergebnisse in absehbarer Zeit sichtbar werden.

Formulieren Sie Jahresziele

Für viele Menschen ist es daher leichter, über Jahresziele nachzudenken, als über Lebens- oder Periodenziele. Hier können Sie sehr konkret Ihre Vorstellungen über die Zukunft formulieren. In diesem Zeitraum können Sie besser einschätzen, was Sie wirklich erreichen wollen, was Sie sich realistischerweise zumuten können. Erscheint es Ihnen anfangs zu schwer, Ihre langfristigen Ziele zu formulieren, beginnen Sie zunächst mit den Jahreszielen.

Die Ziele „smart" machen

Haben Sie aber die langfristigen Ziele schon formuliert und geklärt, ist es notwendig, sie jetzt auf das Jahr herunterzubrechen. Die Ziele müssen „smart" werden (vgl. I 3.2.). Spätestens hier müssen Sie „Butter bei die Fische tun", wie es der Norddeutsche sagt. Sie müssen konkrete Aktionen aus den Zielen ableiten können, damit die Ziele ihre volle Motivationskraft entfalten. Die Ziele müssen so klar sein, dass Sie am Ende des Jahres kontrollieren können, ob Sie sie erreicht haben oder nicht.

Stimmen Sie Ihre Ziele mit Ihrer Umgebung ab

Stimmen Sie die Jahresziele mit Ihrer Familie oder den Kollegen, Vorgesetzten und Mitarbeitern ab. Manche Ziele mögen sehr intim sein, die meisten können Sie aber bekannt machen. Es wird Ihre Entschlossenheit stärken und Missverständnisse vermeiden helfen. Vielleicht finden Sie sogar Mitstreiter beim Erreichen Ihrer Ziele. Gemeinsame Ziele können Familien und Arbeitsteams enorm stärken.

Und schließlich sind die Jahresziele die entscheidende Grundlage für Ihre Wochen- und Tagesplanung (vgl. II 1.3.). Sie garantieren im Alltag, dass Sie sich nicht nur von außen bestimmen lassen, dass Sie nicht nur reagieren. Sondern sie unterstützen Sie in Ihrer proaktiven Haltung und Handlung. Sie sind somit die Voraussetzung für Souveränität.

Nachfolgend finden Sie ein Beispiel für Jahresziele:

Rollen	Jahresziele
Körper (Vitalbereich 1)	Trennkost nach Montignac durchführen; täglich 30 Min. Ausdauertraining mit Puls 110
Geist (Vitalbereich 2)	Urlaub in Frankreich planen; ein Coachingkonzept für Sinn- und Lebensfragen entwickeln
Seele (Vitalbereich 3)	Als Lektor einen Gottesdienst pro Monat halten; den 10. Teil meiner Zeit und meines Geldes für Gott geben; einmal pro Woche Akkordeon spielen
Beziehungen (Vitalbereich 4)	Zigarrenstammtisch auf acht erweitern; Kontakte zu Cousins und Cousinen wieder aufbauen; mit zehn Ehepaaren Freundschaft pflegen: wöchentlich ein Treffen
1. Lebensrolle: Ehemannn	Einen Abend pro Woche ohne Kinder etwas unternehmen; Tanzkurs besuchen
2. Lebensrolle: Vater	Martin bei der Berufsfindung unterstützen; Marie Gesangsunterricht ermöglichen; Phillip zum Wettbewerb „Jugend musiziert" anmelden; mit Andrea eine Fahrt nach Paris machen; mit Michael täglich spielen
3. Lebensrolle: Seminarleiter	Fünf neue Firmen für Seminare gewinnen
4. Lebensrolle: Chef/Vorgesetzter	Herrn X Prokura übertragen
5. Lebensrolle: Haus	Einliegerwohnung als Ferienwohnung vermieten
6. Lebensrolle: Finanzen	Berufsunfähigkeitsversicherung abschließen; Rentenkonzept mit Versicherer abstimmen
7. Lebensrolle: Charakter	Beten für die Menschen, bei denen ich leicht ungeduldig werde

Beispiel für Jahresziele

▶ **Verinnerlichen Sie Ihre Jahresziele und lesen Sie diese einmal in der Woche durch!**

3.8. Zusammenfassung

1. Geben Sie Ihrem Leben Sinn, Halt und Orientierung durch Werte!
2. Verfolgen Sie nur wertvolle und klare Ziele!
3. Lassen Sie Ihre Ziele nicht aus den Augen!
4. Lassen Sie sich von Ihren Zielen motivieren!
5. Entwickeln Sie Ihre Lebensziele/Visionen für Ihre Vitalbereiche und Lebensrollen!
6. Werden Sie zum Lebenskünstler!
7. Verinnerlichen Sie Ihre Jahresziele und lesen Sie diese einmal in der Woche durch!

Literaturempfehlungen

Paul Ch. Donders: Kreative Lebensplanung. Asslar: Schulte und Gerth 2001.

Gustav Großmann: Sich selbst rationalisieren. Lebenserfolg ist erlernbar. München: Ratio-Verlag 1993.

Mark Porter: Zeit planen, sinnvoll leben. Zeitplanung ist Lebensplanung. Asslar: Schulte und Gerth 1993.

Terry B. Walling: Refocusing. Einheit 1. Berlin: Paulus Institut Edition 1999.

Einladung zum Umsetzen: Was möchten Sie ändern?

Aktivitäten	Termin	✓

Teil I Kapitel 4.

Neue Prioritäten souverän setzen: Das Leben täglich gestalten

4.1. Vollziehen Sie den Paradigmenwechsel: Was Sie künftig tun und lassen

Das Thema *Prioritäten setzen* ist nicht neu. Sie haben immer schon Prioritäten gesetzt. Es war vor allem die Frage der *Reihenfolge,* in der die Aufgaben zu erledigen waren. Was machen Sie zuerst, was kommt dann, und was können Sie noch etwas schieben? Erinnern Sie sich an die Analyse weiter oben (I 2.1.)? Da wurde festgestellt, dass Sie zunehmend mehr Aufgaben erledigen müssen, als Sie vernünftigerweise schaffen können. „Damit fertig zu werden, dass man nicht mehr fertig wird", hieß es an dieser Stelle. Sie kommen in solch einer Situation mit der Frage nach der Reihenfolge nicht sehr weit. Die Bugwelle der unerledigten Aufgaben wird nur immer größer.

Wählen Sie Ihre Aufgaben genau aus

Die entscheidende Frage lautet daher: Welche Aufgaben packen Sie an und welche ignorieren Sie einfach? Was tun Sie künftig und was lassen Sie? Ein Bild veranschaulicht das sehr gut: Sie müssen einen Apfelbaum regelmäßig beschneiden, wenn er Frucht tragen soll. Sie müssen prüfen, welche Äste sich gegenseitig das Licht und die Kraft nehmen, welche Triebe sich entwickeln können und welche Sie abschneiden müssen. Hierin liegt der Paradigmenwechsel, die neue Betrachtungsweise. Eine Aufgabe zu schieben, ist wesentlich einfacher, als zu sagen: „Das mache ich nicht mehr!" Aber diese Art der Prioritätensetzung ist heute auf allen Ebenen notwendig: Auf der Ebene des gesamten Unternehmens, innerhalb der Abteilungen und beim einzelnen Mitarbeiter.

Unternehmensebene

Auf der Unternehmensebene kann das bedeuten, bestimmte Zielgruppen nicht mehr zu bedienen. Ein Bauunternehmen entschließt sich beispielsweise, der öffentlichen Hand keine Angebote mehr zukommen zu lassen, da die Chancen, dort einen lukrativen Auftrag zu erhalten, sehr gering sind und die Kapazitäten der Kalkulatoren auf private Bauherren konzentriert werden sollen.

Abteilungsebene

Auf der Ebene einer Verkaufsabteilung fordert diese Art der Prioritätensetzung vielleicht, auf eine Messe im Jahr zu verzichten und die beiden verbleibenden Messen intensiver vor- und nachzubereiten.

Individuelle Ebene

Auf der individuellen Ebene mag es zum Beispiel sinnvoll sein, die Zahl der Fachzeitschriften zu reduzieren und die verbleibenden nun wirklich zu lesen oder ein interessantes Projekt nicht zu übernehmen und die vorhandenen konsequent zum Erfolg zu führen.

Prioritäten bedeuten Verzicht

Etwas aufzugeben, eine Tätigkeit einzustellen, nicht mehr nach allen Seiten offen zu sein, widerspricht unserer inneren Haltung. Wir könnten ja etwas verpassen, eine Chance ungenutzt verstreichen lassen oder gar einen Auftrag nicht bekommen. Aber in Prioritäten denken bedeutet, immer wieder zu reduzieren und sich zu konzentrieren. Dies gelingt nicht ohne bewusstes und aktives Entscheiden.

Entscheidungen sind nicht leicht

Oftmals ist es aber gerade das Entscheidungsproblem, das einen hindert, konsequent nach Prioritäten zu handeln. Sich *für* etwas zu entscheiden, ist relativ einfach. Aber damit ist fast immer verbunden, sich *gegen* etwas anderes zu entscheiden. Das will man aber nicht. Und doch ist es unausweichlich!

Dass es geht, sieht man am besten einen Tag vor dem Urlaub. Da können die meisten plötzlich ganz konsequent entscheiden. Sie werfen die Zeitschriften einfach weg, die schon seit drei Monaten auf ihrem Schreibtisch liegen. Aktennotizen fliegen ebenso in den Papierkorb wie Auswertungen oder Protokolle. Schwierige Kundenanfragen werden beantwortet und Termine abgesagt. Sie wollen mit einem guten Gewissen in den Urlaub fahren, sprich mit einem leeren Schreibtisch.

Entscheiden Sie sofort

Machen Sie es sich zu einer Gewohnheit, sofort zu entscheiden, ob Sie eine Aufgabe, ein Problem oder eine Anfrage annehmen wollen. Diese erste Entscheidung sollten Sie nicht aufschieben. Es bleibt immer noch genug, was Sie nicht sofort erledigen können.

Bei Prioritäten geht es immer um das konkrete Handeln. Und das wird am deutlichsten sichtbar in der Tages- und Wochenplanung. Daher ist der Frage der Priorität vor allem bei diesen Planungsschritten besondere Aufmerksamkeit zu widmen (vgl. II.1.).

Welche Tätigkeiten hätten Sie rückblickend letzte Woche lassen können?

Denkanstoß 1: Was hätten Sie lassen können?

▶ **Entscheiden Sie sofort, ob Sie ein Problem annehmen oder es lassen!**

4.2. Konzentrieren Sie sich auf langfristige Ergebnisse

Die 80:20-Regel von Pareto oder ähnliche Konzepte sind hilfreich. Es geht darum, sich auf das Wichtige, das Wesentliche zu konzentrieren. Bei welchen Aktivitäten können Sie mit Blick auf Ihre langfristigen Interessen und Ziele etwas bewegen? Wenn Sie wissen, dass Sie mit 20 Prozent Ihrer Zeit bzw. Ihrer Aktivitäten bereits 80 Prozent Ihrer gewünschten Ergebnisse erzielen, dann wird Folgendes klar:

Pro Tag nur 2 x Priorität A

- Die Aufgaben sind nicht alle gleich wichtig – auch wenn vor allem die Arbeitsumwelt Ihnen suggeriert, dass alle Aufgaben Priorität A haben. Die Erfahrung widerspricht dem. Spätestens bei der Rückschau wird deutlich, dass viele Dinge nur scheinbar *dringend* und nur selten wirklich *wichtig* waren. Es gibt in der Praxis kaum mehr als zwei Aktivitäten pro Tag mit der Priorität A. Setzen Sie das in Ihre Planung um!

- Wenn Sie alle Aufgaben des Tages gleich wichtig nehmen, vernachlässigen Sie damit die Aufgaben, bei denen Sie den stärksten Effekt erzielen könnten. Für die Aktivitäten, auf die es ankommt, nehmen Sie sich zu wenig Zeit. Das führt häufig zu verpassten Chancen!

Ordentlich statt perfekt

- Das richtige Maß an Qualität muss kritisch geprüft werden. Insbesondere, wenn Sie ein Perfektionist sind und am liebsten das theoretisch Mögliche an Qualität fordern. Bei Aufgaben mit geringerer Priorität genügt oft ein „ordentliches" Ergebnis, das Sie mit verhältnismäßig wenig Zeitaufwand erzielen. Das schafft Ihnen Freiräume, um bei Aufgaben mit hoher Priorität auch wirklich das „Beste" zu leisten.

Falsche Prioritäten durch Zeitdruck

Führungskräfte stehen häufig in einem weiteren Spannungsfeld, das sie zur falschen Prioritätensetzung verführt: Der enorme Zeitdruck und die Schnelllebigkeit der Märkte. Die kurzfristige Denkweise dominiert immer mehr und es scheint keine Zeit für langfristige Perspektiven da zu sein. Beispielsweise sind Entwicklungen in der Automobilindustrie nicht so ausgereift wie in der Vergangenheit.

Die neuen Entwicklungsreihen kommen in immer kürzeren Zeiten auf den Markt. Die Kulanzkosten der Unternehmen steigen gleichzeitig um mehrere hundert Millionen Euro.

Die Investitionen in die Aus- und Weiterbildung der Mitarbeiter muss sich sehr kurzfristig amortisieren. Wer weiß schon, ob der Mitarbeiter in sechs Monaten überhaupt noch in der Firma ist? Da zahlt man lieber dem fertig ausgebildeten Mann oder der Frau ein überdurchschnittliches Gehalt.

Nehmen Sie sich Zeit für Ihre Mitarbeiter

Zeit für Mitarbeitergespräche ist fast nicht vorhanden. Mancher Konflikt, manche Kündigung könnte vielleicht vermieden werden, wenn Sie langfristig in die Mitarbeiter oder das Team Gesprächszeit investieren würden.

Kümmern Sie sich um sich und Ihre Familie

Im persönlichen Bereich ist es oft noch schlimmer: Man hat keine Zeit, regelmäßig Ausgleichssport zu treiben – für die Bypassoperation oder gar den Herzinfarkt fällt man dann aber sechs Monate oder ein ganzes Jahr aus – wenn es nicht noch ärger kommt. Um die Kinder kann man sich nicht kümmern. Dafür zahlt man einen Nachhilfelehrer. Durch Vernachlässigung geraten Kinder leicht auf die schiefe Bahn. Man wundert sich dann über die Gespräche bei der Polizei, beim Jugendamt oder beim Psychiater. Nun drohen die Sorgen, einen zu erdrücken.

Ihre Prioritäten müssen also von Ihren langfristigen Interessen und Zielen bestimmt sein und dürfen sich nicht allein aus den kurzfristigen Ereignissen ergeben.

Welche langfristigen Aufgaben vernachlässigen Sie wegen des allzu kurzfristigen Denkens?

Denkanstoß 2: Vernachlässigte langfristige Aufgaben

▶ **Konzentrieren Sie sich bei den Prioritäten immer auf die langfristigen Interessen und Ziele!**

4.3. Entwickeln Sie Proaktivitäten

Der falsche Gipfel

Haben Sie schon einmal eine Bergwanderung in den Alpen gemacht? Am schönsten ist es im Spätsommer oder Herbst, wenn die Wiesen blühen und die Sicht wunderbar ist. Ihr Aufstieg beginnt herrlich. Es ist nicht nur eine körperliche Herausforderung, sondern auch eine willentliche. Plötzlich ändert sich das Wetter. Sturm kommt auf, die Sicht wird schlecht und Sie gehen durch eine Nebelwand. Mit jedem Schritt kommen Sie dem Gipfel etwas näher, Sie möchten ja auf halber Strecke nicht aufgeben. Dann haben Sie es geschafft. Sie sind oben und stellen überrascht fest: Es war zwar ein gewaltiger Aufstieg – aber gar nicht der Berg, auf den Sie steigen wollten! Das passiert, wenn Sie das Ziel aus den Augen verlieren.

Unterscheiden Sie nach Dringlichkeit und Wichtigkeit

Eisenhower sagt man nach, dass er Prioritäten unter zwei Aspekten gefunden hat: unter dem Aspekt der *Wichtigkeit* und dem der *Dringlichkeit*. Dem können Sie sicher schnell zustimmen. Was *Dringlichkeit* bedeutet, ist jedem klar – alle erleben es täglich im Berufsleben. Aber was *Wichtigkeit* darstellt, wie es in einer konkreten Situation zu bewerten ist, fällt den meisten nicht so leicht. Manches wird wichtig durch den Druck von oben oder vom Kunden. Einiges können Sie aufgrund Ihrer Erfahrung einordnen. Aber vieles lässt sich eben nicht so einfach erkennen und muss mit großer Unsicherheit abgewogen werden. Da gibt es nur eine klare Hilfe: Orientieren Sie sich an Ihren Zielen. Sie sind der Kompass beim Einordnen Ihrer Aktivitäten und Aufgaben. Trägt etwas zu Ihren Zielen bei, ist es wichtig – wenn nicht, ist es unwichtig!

Ihre Ziele müssen vorher klar sein

Wenn die Ziele unklar sind oder nicht vorhanden, wird das konkrete Handeln, die Prioritätensetzung, fast allein von der Dringlichkeit bestimmt. Die Ziele müssen also zunächst geklärt sein, bevor Sie Prioritäten setzen können (vgl. I 3.). Die Bayern haben ein sehr treffendes Bild dafür: Bevor Sie beim „Fensterln" eine Leiter hinaufklettern, achten Sie darauf, dass sie am richtigen Fenster angelehnt ist. Sonst kommen Sie am falschen Ziel an.

Das Eisenhower-Prinzip schafft vier Entscheidungssituationen:

Wichtig und dringend

A Aufgaben, die wichtig und dringend sind: Das sind häufig Krisen, kritische Probleme oder neue Herausforderungen. Damit haben Sie keine Probleme. Diese Aufgaben haben Priorität A.

Wichtig – aber nicht dringend

B Aufgaben, die wichtig, aber nicht dringend sind: Verbesserungen in der Organisation oder den Prozessen, Personalentwicklung, die eigene Weiterbildung, Neukundengewinnung und Teamentwicklung. Häufig betrifft es auch Ihre langfristigen Ziele, insbesondere Ihre Zielvereinbarungen. Da bei diesen Aufgaben oft der Zeitdruck fehlt, neigen Sie dazu, sie zu schieben.

Dringend – aber nicht wichtig

C Aufgaben, die dringend, aber nicht wichtig sind: Routineaufgaben, Unterstützung für Projekte anderer Abteilungen. Besondere Wünsche der Vorgesetzten oder relativ unbedeutender Kunden. Durch den hohen Termindruck werden diese Aufgaben vorgezogen und bestimmen oft einen großen Teil Ihres Arbeitsalltags.

Weder dringend noch wichtig

D Aufgaben, die weder dringend noch wichtig sind: Ein Großteil der Werbung, informative Nachrichten/E-Mails, Zeitschriften und teilweise die Post. Dieser Teil berührt Sie kaum. Beachten Sie nur, dass diese Sachen großzügig weggeworfen werden können.

Der kritische Bereich liegt zwischen B und C – zwischen den Aufgaben, die einerseits wichtig, aber nicht dringend sind, und andererseits denen, die dringend, aber nicht wichtig sind. In Überlastungssituationen neigen die meisten Führungskräfte dazu, dem Bereich C den Vorzug zu geben zu Lasten des Bereiches B. Praktisch bedeutet das: Die Aufgaben, die wichtig, aber nicht dringend sind, bleiben liegen.

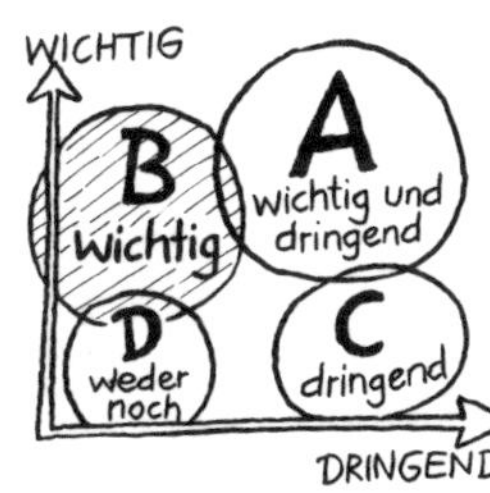

Als Führungskraft müssen Sie diesem offensichtlich falschen Verhalten eine Strategie entgegensetzen. Sie müssen sich davon lösen, überwiegend nur zu reagieren und unter Zeitdruck zu handeln. *Aktiv* sein allein reicht dabei nicht. Sie müssen *proaktiv* handeln, also Ihre Ziele und langfristigen Interessen bewusst verfolgen. Diese liegen im Bereich B. Eine erfolgreiche Führungspersönlichkeit zeichnet sich dadurch aus, dass es ihr immer wieder gelingt, B-Aufgaben den Vorrang vor C-Aufgaben zu geben und manchmal sogar vor A-Aufgaben.

Beispiel für Proaktivitäten

Es ist allemal wichtiger, den Ablaufprozess in Ihrer Abteilung zu optimieren, als den zu suchen, der für die Terminüberschreitung diesmal verantwortlich ist. Am Arbeitsplatz bedeutet es unter Umständen, dass Sie eine gute Arbeitsplatzorganisation mit einer übersichtlichen Ablage und einem aufgeräumten Schreibtisch höhere Priorität geben, als das aktuelle Angebot für einen Kunden zu bearbeiten. Denn in der Zukunft können Sie dann schneller und besser alle Anfragen Ihrer Kunden bearbeiten.

▶ **Verfolgen Sie proaktiv B-Aufgaben!**

4.4. Verfolgen Sie täglich ein eigenes Ziel

Ihre Tage sind überwiegend fremdbestimmt. Der ganze Tag besteht aus Hektik, kurzfristigem Reagieren und Krisenmanagement. Sie haben keine Zeit für sich und die Familie. Wie oft verlassen Sie abends das Büro und fragen sich: „Was habe ich heute bewegt?" „Bin ich meinen Zielen ein Stück näher gekommen?" Immer häufiger müssen Sie diese Fragen verneinen. Die Arbeitszufriedenheit leidet, weil die Erfolgserlebnisse immer seltener werden.

Eine sinnvolle Aufgabe pro Tag

Nur wenige Menschen können den ganzen Tag tun und lassen, was ihnen Spaß macht. Das ist auch kein notwendiges Ziel. Die 80:20-Regel auf die Arbeitszufriedenheit angewandt lautet: 20 Prozent des Tages Aufgaben zu erledigen, die man gerne macht, schafft 80 Prozent Arbeitszufriedenheit und damit 100 Prozent Motivation. Praktisch angewandt heißt das, Sie müssen wenigstens eine Aufgabe, eine Herausforderung am Tag haben, mit der Sie wirklich etwas bewegen können, die sinnvoll ist und erfolgreich läuft.

Eine Aktion herausstellen

Verfolgen Sie also jeden Tag ein Ziel, schaffen Sie sich ein Tagesmotto, in dem der Schwerpunkt deutlich wird. Für viele Führungskräfte kann das ein Anfang für mehr Selbstbestimmung und ein Ende des permanenten Reagierens sein. In der Praxis ist es wesentlich einfacher, *eine* Sache, *eine* Aktion oder *einen* Besprechungstermin positiv herauszuheben, als *alle* Aktivitäten des Tages vollständig nach Prioritäten zu ordnen. Beginnen Sie mit dieser Methode, wenn Sie noch wenig Erfahrung im systematischen Prioritätensetzen haben.

Bei der Wochenplanung Prioritäten verteilen

Die Woche bietet eine hervorragende Perspektive zum Festlegen der Prioritäten (vgl. II 1.3.), da Sie mehr Abstand zum Tagesgeschäft haben. Wenn Sie Ihr Leben schon planmäßig nach Lebensrollen und Vitalbereichen geordnet haben (vgl. I 2.), packen Sie im Laufe einer Woche alle Lebensrollen und Vitalbereiche gezielt an und realisieren Sie mindestens ein Teilziel aus jedem Bereich. Verteilen Sie diese Aktivitäten auf die einzelnen Wochentage. Berücksichtigen Sie bei der Wochenplanung auch das Wochenende. Es bietet beste Chancen, besonders im persönlichen Bereich Ihres Lebens voranzukommen.

Planen Sie Ihre Ziele für jeden Tag proaktiv ein. Vielleicht hilft es Ihnen, wenn Sie für jeden Wochentag eine Lebensrolle zum Schwerpunktthema erklären. Ergänzen Sie das durch die Vitalbereiche. So stellen Sie in jedem Fall sicher, dass Sie im Laufe einer Woche alle Lebensbereiche berücksichtigt haben. Dadurch realisieren Sie sowohl den Gleichgewichtsgedanken und arbeiten zugleich proaktiv an Ihren Zielen.

Machen Sie einen Termin mit sich selbst

Die Aufgaben, die Sie aus Ihren Zielen ableiten, müssen klar terminiert werden. Für persönliche Ziele heißt das, Sie machen einen „Termin mit sich selbst". Wer glaubt, im Laufe des Tages ergibt sich irgendwann die Zeit, um an seinen Zielen zu arbeiten, irrt. Zu vielfältig sind die Ablenkungen von innen und außen und der Zwang zum kurzfristigen Reagieren auf Krisen oder einfach auf Anfragen von Vorgesetzen oder Kunden. Aber einen Termin mit sich selbst halten Sie ein, denn Termintreue ist für Sie selbstverständlich.

B-Aufgaben schaffen Erfolgserlebnisse

Den Zielen gleichgestellt sind die B-Aufgaben nach Eisenhower (vgl. I 4.3.). Wenn sie nicht sowieso einen Beitrag für Ihre Ziele darstellen, so decken sie doch Ihre langfristigen Interessen ab. Sie schaffen sich mit dieser Art Aufgaben immer Erfolgserlebnisse. Sie gestalten souverän und bewirken etwas. Sie handeln einer Führungskraft angemessen. Sie lösen sich aus der Umklammerung des bloßen Reagierens.

Denkanstoß 3: Vitalbereiche in der Wochenplanung

Welche Wochentage widmen Sie den vier Vitalbereichen?

Körper:	Mo	Di	Mi	Do	Fr	Sa	So
Geist:	Mo	Di	Mi	Do	Fr	Sa	So
Seele:	Mo	Di	Mi	Do	Fr	Sa	So
Bez.:	Mo	Di	Mi	Do	Fr	Sa	So

▶ **Schaffen Sie täglich ein Erfolgserlebnis!**

4.5. Orientieren Sie sich an Prinzipien

Sie beenden gerade ein Gespräch mit einer Mitarbeiterin, als diese plötzlich in Tränen ausbricht und Ihnen mitteilt, dass ihr Sohn wegen einer Überdosis Drogen im Krankenhaus liegt. In wenigen Minuten beginnt eine wichtige Sitzung, bei der Sie anwesend sein müssen. Was machen Sie?

Ihr Gemeindepfarrer bittet Sie, am Abend eine Jugendgruppe bei der Vorbereitung eines Gottesdienstes zu unterstützen, da er selbst wegen eines Trauerfalles diese Aufgabe nicht wahrnehmen kann. Ihre Kinder gehören auch zu dieser Jugendgruppe. Sie haben sich gerade vorgenommen, keine weiteren Aufgaben mehr zu übernehmen. Nun liegen Ihnen natürlich Ihre Kinder am Herzen und Sie könnten dank Ihres Organisationstalentes sicher einiges zum Erfolg dieser Aktion beitragen. Was sagen Sie dem Pfarrer?

Gute Pläne verteidigen

Wie reagieren Sie auf ungeplante Ereignisse, die ja unausweichlich kommen? Auf der einen Seite gilt: Je besser, das heißt, je begründeter Ihr Plan mit Blick auf Ihre Ziele entstanden ist, desto einfacher und energischer werden Sie ihn auch gegen alle „Angriffe" von außen und innen verteidigen.

Prinzipien geben Orientierung

Andererseits können sich die Prioritäten im Laufe eines Tages ändern. Das gilt zuerst für Krisensituationen aller Art. Sie zwingen uns, umzudenken und unseren Plan zu verlassen. Das Spannungsfeld liegt grundsätzlich zwischen Flexibilität und Festigkeit. Im „Augenblick der Wahl" benötigen Sie ein Orientierungssystem, einen Kompass, der Ihnen hilft, sicher die Entscheidung über die neue Priorität zu fällen. Sie müssen bedenken, dass Sie unter großem Zeitdruck entscheiden müssen und nicht lange abwägen können. Prinzipien können Ihnen helfen, schnell und sicher Ihre Entscheidung zu treffen.

Beispiele für Prinzipien

Gelebte Prinzipien werden in den ungeplanten Abläufen des Tages sichtbar. Nachfolgend einige Beispiele für Prinzipien, die Ihnen Orientierung geben können:

- Die Verfolgung Ihrer langfristigen Ziele bleibt gewährleistet.
- Die Entscheidung stimmt mit Ihrem Gewissen und Ihren Werten überein.
- Gott ist wichtiger als Menschen (wenn Sie keine „religiöse Dimension“ haben, spielt sich das vor allem in Ihrem Gewissen ab).
- Menschen sind wichtiger als Dinge.
- Beziehungen sind wichtiger als Geld.
- Das Gleichgewicht Ihrer Lebensphilosophie wird erhalten (im Zweifel ist die Familie wichtiger als der Beruf und der Ehepartner wichtiger als die Kinder).

Prinzipien bringen Ihre Lebensphilosophie in den Alltag

Prioritäten müssen den Gleichgewichtsgedanken aus den Lebensbereichen widerspiegeln (vgl. I 2.). Das *innere* (Vitalbereiche), das *äußere* (Lebensrollen) und das *investive* Gleichgewicht (Verhältnis von Investition und Leistung) müssen in Ihrem Wochen- und Tagesablauf sichtbar werden, aber auch in Ihren spontanen Entscheidungen. In den Prioritäten bekommt Ihr Lebenskonzept Konturen, es wird regelrecht lebendig. Die Theorie wird durch das bewusste Prioritätensetzen in die Praxis umgesetzt. Ihr Gewissen, das sich an Prinzipien ausrichtet, schafft die Verbindung zwischen Ihrer Lebensphilosophie (Vitalbereiche und Lebensrollen) und den täglichen Entscheidungen über Prioritäten. So erhalten Sie inneren Frieden im oft hektischen Arbeitsalltag.

Welche Handlungsgrundsätze bzw. Prinzipien helfen Ihnen, auch unter Zeitdruck richtige Prioritäten zu setzen?

Denkanstoß 4: Ihre Prinzipien

▶ **Machen Sie sich Ihre Prinzipien bewusst!**

4.6. Sagen Sie mit gutem Gewissen Nein

Wo liegen Ihre Schwierigkeiten?

Auch den meisten Führungskräften fällt es leichter, Ja zu sagen als Nein. Aber alle guten Vorsätze, jeder fein ausgearbeitete Plan, jede gedachte Priorität scheitert, wenn Sie nicht Nein sagen können. Das gilt im beruflichen und im privaten Bereich. Nicht dass das Neinsagen per se eine gute Sache wäre – es drückt immer auf die Beziehung. Aber in einer Überlastungssituation ist es überlebensnotwendig. Eine Veränderung erreichen Sie dadurch, indem Sie zunächst analysieren, warum Sie nicht Nein sagen, und dann persönliche Strategien entwickeln, um erfolgreich Nein sagen zu lernen.

✓	**Markieren Sie die Gründe, warum Sie nicht Nein sagen können oder wollen** 
	Angst vor Konsequenzen
	Angst vor Konflikten
	Angst, dass mir Unfähigkeit vorgeworfen wird
	Angst vor Macht- oder Kompetenzverlust
	Angst vor Revanche (der andere könnte auch Nein sagen)
	Angst, „nicht mehr geliebt/gebraucht zu werden“
	Überlastung der Kollegen
	Kollegen benötigen meine fachliche Hilfe
	Aufgabe gehört zu meinem Kompetenzbereich
	Einflussnahme auf Projekte und Aufgaben sichern
	Überschätzen der eigenen Kapazitäten
	Unterschätzen des Arbeitsumfanges von Aufgaben
	Eitelkeit

Angst nicht überbewerten

Eine Reihe der Gründe, warum Sie nicht Nein sagen, liegen in Ihrer Persönlichkeitsstruktur (vgl. I 1.2.). Wer mehr auf Harmonie aus ist, dem fällt es naturgemäß schwer, Nein zu sagen. Wer mehr auf Ergebnisse achtet, dem fällt es leichter, Nein zu sagen. Oft ist es aber auch ein Überbewerten der Angst vor Konsequenzen, vor allem mit Blick auf Beurteilungen und Karriere. Meine Beobachtung ist aber eher vom Gegenteil gekennzeichnet: die Neinsager machen häufig schnel-

Neinsager kommen schneller voran

ler Karriere, weil sie sich auf ihre eigentlichen Aufgaben besser konzentrieren können. Wenn Sie nun zur Kategoric gehören, denen es gegen die innere Einstellung geht, Nein zu sagen, können Ihnen folgende Überlegungen helfen, eine Gegenstrategie zu entwickeln:

Nein sagen ist okay

- In Situationen, in denen Sie selbst schon am Rande Ihrer Kapazität arbeiten und in der Gefahr sind, wichtige Aufgaben, sprich B-Aufgaben (vgl. I 4.3.), zu schieben oder gar nicht zu erledigen, sagen Sie mit gutem Gewissen Nein. Nicht aus Prinzip, sondern wegen Ihrer Hauptverantwortung dem Unternehmen gegenüber.

Begründen Sie Ihr Nein

- Schaffen Sie Verständnis: „Beim besten Willen – es geht nicht. Ich habe gerade zwei Sonderaufgaben vom Chef erhalten und weiß nicht, wie ich das bis heute Abend um 20 Uhr schaffen soll." Der andere wird noch nicht begeistert sein. Aber grundsätzlich versteht er die Situation, da er ja häufig genug in ähnlicher Lage ist.

Seien Sie konsequent

- Sagen Sie nicht zu einem Kollegen Nein und zehn Minuten später zum anderen Kollegen Ja. Da ist der erste zu Recht sauer und fühlt sich persönlich zurückgesetzt. Sie verlieren an Glaubwürdigkeit.

Seien Sie auch bei Ihrem Chef konsequent. Natürlich kann ein Chef die Prioritäten verändern. Aber da muss es heißen: „Wenn wir dies vorziehen, bleibt das liegen. Ist das in Ordnung?" Chefs neigen dazu, beides zu fordern. Hier müssen Sie Rückgrat entwickeln.

Wer nutzt es aus, dass Sie zu wenig Nein sagen? Was wollen Sie dagegen tun? 

Denkanstoß 5:
Wer nutzt Sie aus?

▶ **Entwickeln Sie Konsequenz beim Neinsagen!**

4.7. Lernen Sie das Neinsagen

Bedenken Sie die Konsequenzen

Der Produktionsleiter eines Automobilzulieferers erzählte mir folgende Geschichte: Ein wichtiger Kunde rief an und bestellte zusätzlich Kabelbäume für ein bestimmtes Modell, das stark nachgefragt war. Und zwar dringend für die nächste Woche. Der Produktionsleiter prüfte den Auftragsbestand und teilte mit, dass die Lieferung erst in drei Wochen erfolgen könnte, da sie bereits 140 Prozent Kapazitätsauslastung fahren würden. Eine Stunde später kam der Geschäftsführer und forderte, die Lieferung unbedingt pünktlich herauszuschicken, da es doch ein ganz wichtiger Kunde sei. Also wurde die Produktion umgerüstet und tatsächlich alles wie gewünscht ausgeliefert. Der Kunde war überglücklich – aber ein anderer Kunde war todunglücklich. Das Reizvolle an diesem Beispiel war, dass der unglückliche Kunde zur selben Firma gehört wie der glückliche – es handelte sich nur um eine andere Abteilung.

Finden Sie Kompromisse

Hier wird das Problem deutlich. Sie wehren sich ja nicht gegen neue Aufgaben, sondern dagegen, dass durch spontane Veränderungen in den Abläufen anderswo Chaos ausbricht. Darauf müssen Sie Ihren Chef hinweisen und nach tragbaren Kompromissen suchen.

Statt „entweder – oder" besser: „sowohl als auch"

In der Praxis führt Schwarzweißdenken nicht zum Erfolg, auch beim Neinsagen nicht. Es gilt abzuwägen zwischen Teamgeist und persönlichen Zielen, Planungssicherheit und Aktualität, individuellen Bedürfnissen und Unternehmensbedürfnissen, zwischen Beruf und Familie sowie zwischen Leistung und den Vitalbereichen (Körper, Geist, Seele und Beziehungen). Achten Sie auf ein Gleichgewicht innerhalb dieser Bereiche. Weisheit ist gefragt, die eher mit „sowohl als auch" als mit „entweder – oder" beschrieben wird. Suchen Sie Synergien, die es Ihnen erlauben, Ihre Ziele und Interessen mit denen der anderen zu verbinden (vgl. II 1.3.).

Höflich und konsequent

Und doch gibt es Situationen, in denen Sie kompromisslos Nein sagen müssen: Wenn Ihre Werte gefährdet sind, Ihre langfristigen Ziele auf der Strecke zu drohen bleiben oder wenn Ihre Gesundheit angeschlagen wird. Hier sind Sie selbst verantwortlich – kein Vorgesetzter kann Ihnen diese Entscheidungen abnehmen. Sagen Sie höflich, aber konsequent Nein!

Der Umgang mit Vorgesetzten erfordert Fingerspitzengefühl. Vier grundsätzliche Möglichkeiten, wie Sie einem Chef gegenüber auftreten können, möchte ich mit einer kleinen Geschichte deutlich machen. Als junger Leutnant bei der Bundeswehr traf ich einen alten Haudegen. Im Zweiten Weltkrieg war er Brigadekommandeur, und er erzählte mir von seinen vier Bataillonskommandeuren, die völlig unterschiedlich waren.

Eigenverantwortung statt Befehl und Gehorsam

Der *Erste* war ein aus der Unteroffizierlaufbahn gekommener „Tapferkeitsoffizier". Der sagte Ja und machte genau das, was man ihm befohlen hatte. Der *Zweite* war ein Dietmarscher Dickschädel. Wenn er mit etwas nicht einverstanden war, sagte er Nein. Man hätte ihn zu erschießen androhen können und er wäre dem Befehl nicht gefolgt. Der *Dritte* war ein labiler Mann, der zunächst Nein sagte, dann aber am nächsten Tag doch alles so ausgeführt hatte, wie es angeordnet war. Und schließlich der *Vierte* – er war ein intelligenter aber auch ein verschmitzter Mann, der Jawohl sagte, aber immer machte, was er für richtig hielt. Auf meine Frage, wer denn der beste Kommandeur gewesen ist, lächelte der Alte und sagte: „Der Vierte."

Zwischen Auflehnung und Anpassung

Mit dieser Geschichte wird deutlich, dass die Bandbreite zwischen blanker Auflehnung und völliger Anpassung relativ groß ist. Seien Sie klug beim Neinsagen. Die Suppe wird ja bekanntlich nicht so heiß gegessen, wie sie gekocht wird. Häufig ergeben sich Kompromisse und Lösungen, wenn man eine Nacht darüber geschlafen hat. Mancher Konflikt bringt Sie in der Sache nicht weiter und kostet Sie mehr Energie, als wenn Sie die zusätzliche Aufgabe erledigt hätten. Also: Kleine Umwege sind erlaubt, wenn Sie dabei Ihre Ziele nicht aus den Augen verlieren.

In welcher Situation wäre es klüger gewesen, Nein zu sagen?

Denkanstoß 6: Nein sagen

▶ **Sagen Sie klug und höflich Nein!**

4.8. Zusammenfassung

1. Entscheiden Sie sofort, ob Sie ein Problem annehmen oder es lassen!
2. Konzentrieren Sie sich bei den Prioritäten immer auf die langfristigen Interessen und Ziele!
3. Verfolgen Sie proaktiv B-Aufgaben!
4. Schaffen Sie täglich ein Erfolgserlebnis!
5. Machen Sie sich Ihre Prinzipien bewusst!
6. Entwickeln Sie Konsequenz beim Neinsagen!
7. Sagen Sie klug und höflich Nein!

Literaturempfehlungen

Tanja Baum: Die Kunst, freundlich „Nein" zu sagen. Konsequent und positiv durch Beruf und Alltag. Wien, Frankfurt am Main: Wirtschaftsverlag Ueberreuter 2001.

Stephen R. Covey, A. Roger Merrill und Rebecca R. Merrill: Der Weg zum Wesentlichen. Zeitmanagement der vierten Generation. Frankfurt am Main: Campus 1997.

Einladung zum Umsetzen: Was möchten Sie ändern?

Aktivitäten	Termin	✓

Teil II: Praxis der Souveränität

Teil II Kapitel 1.

Der souveräne Plan:
Sich Übersicht verschaffen

1.1. Beherzigen Sie Schriftlichkeit als obersten Planungsgrundsatz

Stellen Sie für jeden Tag eine Liste mit Arbeitsaufgaben auf? Haben Sie Ihre langfristigen persönlichen Ziele schriftlich fixiert? Planen Sie Ihre Woche schriftlich? Vielleicht argumentieren auch Sie sehr häufig, dass Sie im Prinzip alles machen – aber eben nicht schriftlich.

Was sind die Vorteile der Schriftlichkeit?

Übersicht

- Schriftlichkeit schafft Übersicht: Übersicht ist die Grundlage jeder Planung. Bevor Sie entscheiden, welche Aufgaben Sie heute anpacken wollen, müssen Sie klären, was überhaupt anliegt. Bevor Sie Prioritäten setzen, müssen Sie prüfen, wie groß das Aufgabenpaket insgesamt ist.

Verbindlichkeit

- Schriftlichkeit führt zu mehr Verbindlichkeit: Bei Besprechungen realisieren Sie es – nur was im Protokoll steht, wird erledigt. Diesen Vorteil müssen Sie für Ihre persönliche Organisation nutzen, insbesondere für die Aufgabenplanung. Unangenehme Dinge können auf diese Art erledigt werden. Ihre Selbstdisziplin wird gestärkt.

Bessere Kommunikation

- Schriftlichkeit verbessert die Kommunikation: Es gibt einfach weniger Verständigungsprobleme. Wenn Sie einen Auftrag erteilen, tun Sie es schriftlich – mindestens als Ergänzung. Übernehmen Sie einen heiklen Auftrag, machen Sie eine kurze schriftliche Bestätigung!

Genauigkeit

- Schriftlichkeit zwingt zur Präzisierung: Das geflügelte Wort „etwas auf den Punkt bringen“ sagt es am besten. Wo einer noch gut drum herum reden kann, muss er sich bei Schriftlichkeit entscheiden. Oft ist damit auch ein Klärungsprozess verbunden, an dessen Ende Sie genau wissen, was Sie wirklich wollen.

Entlastung

- Schriftlichkeit hilft beim Loslassen können: Stress ist nicht so sehr die Frage nach der Menge der Arbeit, es ist die Gleichzeitigkeit der Arbeit, die belastet. Was Sie aufschreiben, können Sie loslassen. Sie sind sich sicher, dass Sie nichts vergessen – vorausgesetzt, Sie besitzen ein Mindestmaß an Selbstorganisation.

Ein Kunde klagte, schon mehrere Wochen nicht mehr schlafen zu können, da ihn die Probleme des Tages nicht mehr losließen. „Ich muss das und das noch erledigen, dies darf ich auf gar keinen Fall vergessen. Hoffentlich kümmert sich XY…“ Da fing er an, nachts einfach aufzustehen und zehn Minuten lang alle Dinge, die ihm durch den Kopf gingen, aufzuschreiben. Seine Schlafprobleme hörten sofort auf.

Hauptsache schriftlich

Schriftlichkeit ist der oberste Planungsgrundsatz in der Selbstorganisation. Im einfachsten Fall genügt ein Büchlein, in dem Sie alles notieren. Die Möglichkeiten der EDV erfüllen natürlich genauso die Kriterien. Aber für viele Menschen ist die computergebundene Erfassung von Aufgaben und Aktivitäten zu umständlich und sie machen es nicht konsequent.

Papier oft besser als Palm

Scheuen Sie sich nicht, ein klassisches Zeitplanbuch oder einen Wochenkalender zu nehmen – auch wenn Sie glauben, mit einem *Palm* mehr die Höhe des technischen Fortschrittes zu repräsentieren. Das Papier hilft Ihnen, konsequenter in der Schriftlichkeit zu werden.

Was wollen Sie in der persönlichen Planung künftig konsequent schriftlich festhalten?

Denkanstoß 1: Schriftlich planen

▶ **Nutzen Sie die Vorteile der Schriftlichkeit für Ihre Planung!**

1.2. Bringen Sie Ihre strategischen Aufgaben und das Tagesgeschäft unter einen Hut

Zeitraubende Routinearbeit

Ein großes Problem für Führungskräfte stellt das Spannungsfeld zwischen Tagesgeschäft und langfristigen, strategischen Aufgaben und Zielen dar. Durch Rationalisierung und Personaleinsparung sind Sekretärinnen und Assistenten zum großen Teil weggefallen. Gleichzeitig ist die Menge der Arbeit ständig gestiegen. Das Ergebnis ist häufig, dass die Routine- und Verwaltungsarbeit bereits völlig ausreicht, um den Tag auszulasten. Es bleibt kaum Zeit für langfristige, konzeptionelle Tätigkeiten.

Strategische Aufgaben oft vernachlässigt

Der hohe Termindruck des Tagesgeschäftes führt dazu, dass die strategischen Aufgaben, die anfänglich oft keinen solchen Druck kennen, vernachlässigt werden. Die Bugwelle der aufgeschobenen Aufgaben wird immer größer. Eine Führungskraft kann sich diesen Zustand nicht lange erlauben, ohne Schaden für die Abteilung oder gar das Unternehmen zu verursachen.

Wochenplanung verbindet beides

Die Wochenplanung ist nun das ideale Bindeglied zwischen strategischen Aufgaben und kurzfristigem Tagesgeschäft. Der Blick auf die Woche schafft Distanz zum Termindruck der aktuellen Aufgaben und ermöglicht den Blick auf die langfristigen Interessen und Ziele. Die Wochenplanung verbindet sinnvoll Langfristiges und Kurzfristiges miteinander.

In die Wochenplanung fließen als langfristige Aspekte ein:
- berufliche und persönliche Ziele,
- Projekte mit ihren Zeitplänen sowie
- Termine.

Jahresziele

Haben Sie Ihre Jahresziele für die Lebensrollen und Vitalbereiche definiert, versuchen Sie diese im Wochenrhythmus umzusetzen. Konkret müssen Sie sich fragen: „Was kann ich in der nächsten Woche tun, um meine Ziele zu erreichen?“ Im Idealfall können Sie jede Woche an jedem Ihrer Ziele arbeiten – und sei es nur mit einem Telefongespräch. Aber 52 kleine Aktivitäten im Laufe eines Jahres können Ihre großen Ziele realisieren.

Laufende Projekte

Daneben sind die laufenden Projekte voranzutreiben. Leiten Sie ein Projekt, ist es oftmals Ihre Hauptaufgabe, dafür zu sorgen, dass die Mitarbeiter ihre Termine einhalten. Das heißt: zu erinnern, zu bitten, zu ermahnen oder zu drohen – und zwar rechtzeitig, damit die Kollegen so früh beginnen, dass sie in drei oder vier Wochen auch pünktlich ihren Beitrag einbringen. Vorausschauend und proaktiv handeln – darauf kommt es an!

Aktuelle Termine

Und schließlich sind die Termine zu berücksichtigen und gegebenenfalls durch Routinetermine zu ergänzen.

Tage gleichmäßig füllen

Die langfristig bedeutsamen Aktivitäten sind in der Wochenplanung aufzulisten und dann auf die Tage zu verteilen, so dass eine gleichmäßige Belastung entsteht. Das Terminieren ist ein wichtiger Teil der Wochenplanung, da sonst das Problem des Aufschiebens wieder beginnt. Sind die Aktivitäten aber auf die Tage verteilt, kann die Wochenplanung abgeschlossen werden.

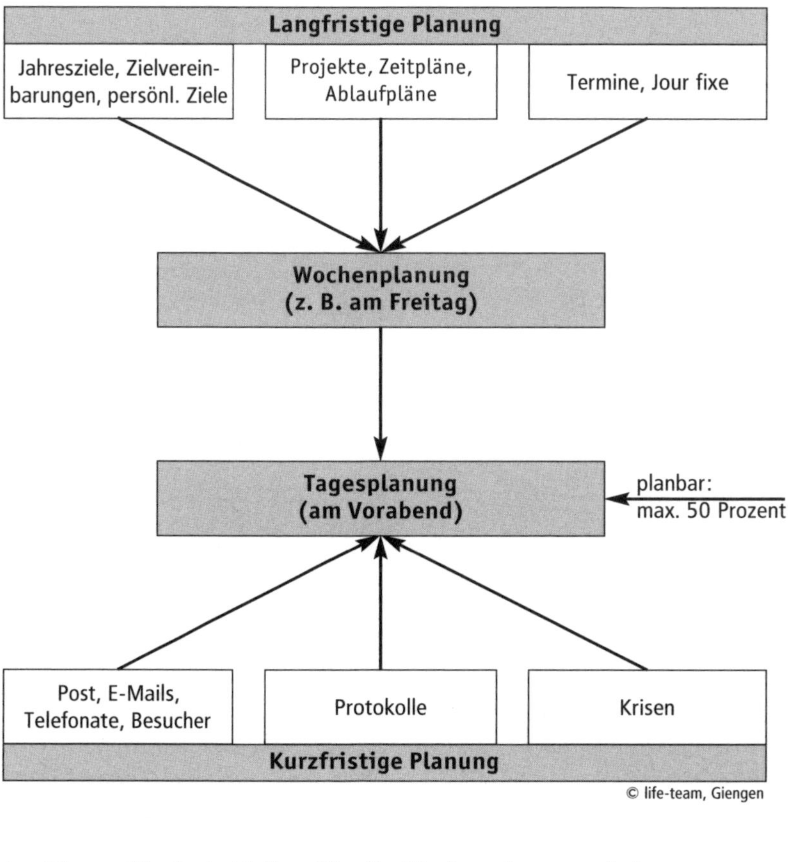

Langfristige und kurzfristige Planung

▶ **Planen Sie feste Zeiten für die Wochenplanung ein!**

1.3. Schaffen Sie Synergien durch kluge Wochenplanung

Intelligenter arbeiten

Wahrscheinlich haben Sie sich schon gefragt, wie Sie noch schneller arbeiten können. Stattdessen sollten Sie einmal überlegen, wie Sie verschiedene Tätigkeiten intelligent miteinander verbinden können. Denn oft können durch eine Aktivität mehrere Ziele gleichzeitig verfolgt und Synergien erzeugt werden.

Die kluge Wochenplanung erlaubt, aus einer Art Hubschrauberperspektive die Probleme von oben zu sehen. Sie ermöglicht es Ihnen, Ihre Ziele, Projekte und Termine zu synchronisieren. Vor allem aber können Sie Ihre verschiedenen Lebensrollen – auch die privaten – mit Ihren persönlichen Zielen und Vitalbereichen koordinieren. Dadurch entstehen teilweise sehr hohe Einspareffekte.

- Beispiel 1, Geist (Weiterbildung): Das Jahresziel lautet „Ein Coachingkonzept für Sinn- und Lebensfragen zu entwickeln". In dieser Woche findet die Organisationsbesprechung einer Konferenz statt. Mein Kollege Franz, der ebenfalls Coachings durchführt, wird anwesend sein. Das ist eine gute Gelegenheit, mit ihm über das eigene Konzept zu sprechen.

- Beispiel 2, Rolle Vater: Das Jahresziel heißt „Meinen Sohn Martin bei der Berufsfindung zu unterstützen". In der Terminplanung steht der Empfang zum 60. Geburtstag eines Unternehmers. Da dort eine Reihe interessanter Leute anwesend sind, ist das eine Chance, mit ihnen über eine mögliche Ausbildung von Martin zu reden.
- Beispiel 3, Rolle Seminarleiter: Das Jahresziel lautet: „Fünf neue Firmen gewinnen". In dieser Woche veranstalte ich einen Vortrag bei der Firma XY. Das neue Ausbildungskonzept für Führungsnachwuchskräfte kann ich in diesem Rahmen präsentieren und vielleicht so neue Kunden gewinnen.

All dies ist ohne zusätzlichen Zeitaufwand zu realisieren.

Die Aktivitäten im folgenden Beispiel sind von den Zielen der Lebensrollen und Vitalbereiche abgeleitet. Vergleichen Sie hierzu Kapitel I 3.7.

Vitalbereich, Lebensrolle	Aktivitäten der KW 31
Körper (Vitalbereich 1)	Täglich 30 Min. laufen (Puls max. 120)
Geist (Vitalbereich 2)	Coaching-Konzept mit Franz absprechen (vgl. Bsp. 1); Phillip Französischvokabeln abfragen
Seele (Vitalbereich 3)	Brief an Kirchengemeinderat schreiben
Beziehungen (Vb. 4)	Einladung Cigarnight, Freys einladen
1. Rolle: Ehemann	Tanzabend; Winterurlaub planen
2. Rolle: Vater	Martin Lehre, Kenntner/Mayer (vgl. Bsp. 2)
3. Rolle: Seminarleiter	1 Seminar verkaufen, XY-Präsentation (vgl. Beispiel 3); Internetseite aktualisieren
4. Rolle: Chef	Personalgespräch mit Herrn X führen
5. Rolle: Haus	Fußboden in Auftrag geben
6. Rolle: Finanzen	Rückstellung Finanzamt USt-Nachzahlung; Kontokorrent neu verhandeln
7. Rolle: Charakter	Geduldiger mit Hermann

Beispiel für eine Wochenplanung

▶ **Arbeiten Sie nicht schneller, sondern intelligenter!**

1.4. Konzentrieren Sie sich auf Ihr Tagwerk

„Darum sorget nicht für morgen, denn der morgige Tag wird für das Seine sorgen. Es ist genug, dass jeder Tag seine eigene Plage hat", sagt Jesus, der wie kein anderer strategisch gedacht und gehandelt hat. Viele gestresste Manager wünschen sich das, wissen aber nicht, wie sie es erreichen können.

In Tagwerken denken

Ein schwäbischer Seminarteilnehmer formulierte es so: „Wir müssen unser Tagwerk schaffen." Tagwerk ist im Süddeutschen ein Flächenmaß der Landwirtschaft und meint soviel, wie ein Bauer an einem Tag umpflügen konnte. Dann war das Feld zwar noch nicht fertig, aber der Bauer wusste, für heute ist es genug. Er machte Feierabend!

Wenn Sie konsequent mit der Wochenplanung arbeiten, können Sie Ihr persönliches Tagwerk organisieren. Sie haben dann bereits die langfristigen Ziele und Projekte berücksichtigt und die daraus abgeleiteten Aufgaben auf die Tage verteilt. Sie dürfen sich voll auf den Tag konzentrieren. Alles, was langfristig zu berücksichtigen ist, taucht ja in Form von weiteren Aktivitäten morgen oder später in der Aufgabenliste des entsprechenden Tages wieder auf.

Als Ergänzung der Wochenplanung geht es bei der Tagesplanung darum, die langfristigen Aktivitäten mit dem kurzfristigen Tagesgeschäft zu verbinden. Die folgenden sechs Regeln werden Ihnen helfen, diese komplexe Aufgabe zu bewältigen:

Schriftlich planen

- Regel 1: Nutzen Sie die Vorteile der Schriftlichkeit und verschaffen Sie sich Überblick. Erst dann können Sie sinnvoll Prioritäten setzen und Abläufe festlegen.

- Regel 2: Setzen Sie sich Limits: Für größere Aufgaben, die länger als eine halbe Stunde beanspruchen, begrenzen Sie die Zeit. Wenn Sie glauben, dass Sie für eine Aktivität neunzig Minuten einplanen müssen, dann begrenzen Sie sofort den Zeitaufwand auf diesen Umfang. „Design to Cost" nennt man das in der Entwicklung.

Limits setzen

- Regel 3: Setzen Sie wenige hohe Prioritäten. Auch wenn Sie denken, alles hat Priorität A – es stimmt einfach nicht. Jemand, dem alles gleich wichtig erscheint, hat meist seine Ziele nicht klar. Entscheiden Sie sich für ein oder zwei Aufgaben mit A-Priorität, eine weitere mit B, der Rest ist C! Und wenn die A-Aufgaben erledigt sind, ist der Tag erst einmal o.k. Machen Sie sich an dieser Stelle nicht verrückt.

Maximal zwei A-Aufgaben

- Regel 4: Reduzieren Sie Ihr Aufgabenpensum auf ein vernünftiges Maß. Für viele Führungskräfte ist das Streichen die eigentliche Hürde des Priorisierens. Manchmal hilft auch Kürzen oder Delegieren. Bleiben Sie realistisch und überschätzen Sie sich nicht. Verplanen Sie nicht mehr als fünfzig bis sechzig Prozent Ihrer Arbeitszeit. Der Tag hält viele Überraschungen bereit.

Nur fünfzig Prozent verplanen

- Regel 5: Planen Sie erst jetzt den Ablauf des Tages, das heißt, optimieren Sie Termine, Aufgaben und Pufferzeiten zu einem Plan. Dabei reicht es völlig aus, die großen Aufgaben, das heißt ab einer halben Stunde, zeitlich einzuplanen. Stephen Covey spricht hier vom Kieselprinzip. Er meint, die großen Steine, die großen Brocken, müssen zuerst eingeplant werden. Die kleinen Dinge kann man leicht noch dazwischenschieben. Praktisch funktioniert das so, dass Sie aus den großen Aufgaben einen Termin mit sich selbst machen. Die kleinen bleiben einfach auf der Aufgabenliste des Tages stehen.

Große Aufgaben terminieren

- Regel 6: Schließlich gehört auch die Kontrolle dazu. Aufgaben, die erledigt sind, werden abgehakt. Neue Aufgaben werden auf der To-do-Liste des Tages dazugeschrieben. Aufgaben, die abends nicht erledigt sind, werden übertragen. Das ist bei C-Aufgaben normal, bei B-Aufgaben sollte es nicht, bei A-Aufgaben darf es nicht vorkommen! Haben Sie die Termine und Aufgaben des heutigen Tages erledigt, das heißt Ihr Tagwerk geschafft, können Sie mit gutem Gewissen Feierabend machen.

Abends kontrollieren

▶ **Organisieren Sie Ihr Tagwerk und Ihren Feierabend!**

1.5. Finden Sie Ihr persönliches Werkzeug für die Termin- und Aufgabenplanung

Jeder kann seine Termine planen. Seit der Schulzeit, als Klassenarbeiten vorbereitet werden mussten, ist das Routine. Völlig anders ist das mit den zu erledigenden Aufgaben. Da liegen die „wichtigsten“ Sachen auf dem Schreibtisch. Ein paar Aufgaben sind in Outlook oder Lotus Notes, einige E-Mails, die noch zu erledigen sind, befinden sich im Posteingang des PCs, unerledigte Akten im Schreibtisch, Protokolle in der Wiedervorlagemappe usw.

Mit welchem System bringen Sie Ordnung in Ihre Termine und Aufgaben? Die Zahl der Systeme ist groß und reicht vom Tischkalender über Zeitplanbücher bis zu EDV-Programmen und PDAs.

Hier einige Empfehlungen, wie Sie das für Sie beste System finden.

Termine und Aufgaben trennen

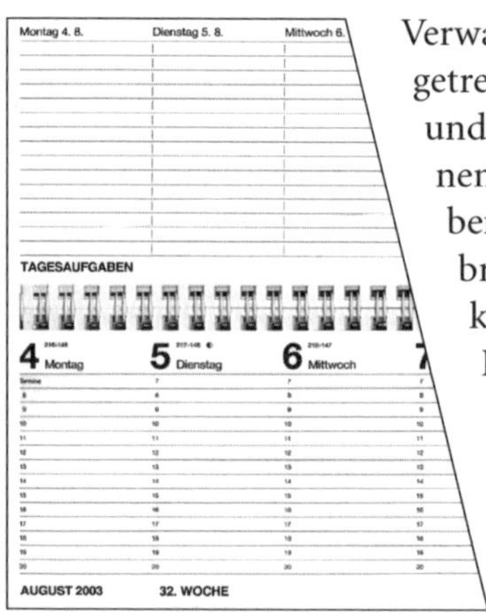

Verwalten Sie Termine und Aufgaben stets getrennt voneinander. Termine sind starr und unflexibel, Aufgaben dagegen können mit relativ viel Spielraum verschoben werden. Das einfachste, durchaus brauchbare System ist der Wochenkalender – aber der, der auf der Rückseite Platz hat für die Aufgaben. Wenn Sie ihn aufgeklappt auf den Tisch legen, haben Sie – EDV-technisch gesprochen – zwei Fenster zum Verwalten Ihrer Termine und Aufgaben.

Nur ein System für Ihre Termine

Egal welches System Sie führen, benutzen Sie für Ihre Termine nur ein System! Andernfalls ist der Abstimmungsaufwand zu groß. Müssen Sie wegen der Teamabstimmung ein EDV-System wie Outlook benutzen, dann sollten Sie für unterwegs einen PDA besitzen.

Durch das Synchronisationsprogramm besitzen Sie immer eine aktuelle Kopie Ihres Outlook-Kalenders.

Alternativ ist oft ein einfacher Papierausdruck der aktuellen Monatsübersicht ausreichend. Eventuell kommt der Folgemonat noch auf die Rückseite. Termine, die Sie unterwegs machen, erfassen Sie handschriftlich und übertragen diese z. B. wöchentlich bequem auf Ihren EDV-Kalender.

Sofort terminieren

Die Aufgabenplanung ist selbst bei hochrangigen Führungskräften oft chaotisch. Es gilt alles, was zum Planungsgrundsatz der Schriftlichkeit in Kapitel II 1.1. gesagt wurde, zu berücksichtigen. Das Geheimnis der erfolgreichen Aufgabenplanung ist einfach: Es ist das konsequente Erfassen und Terminieren aller Aufgaben. Planen Sie die Aufgaben sofort für den Tag ein, an dem Sie diese bearbeiten wollen.

Das System für die Aufgabenerfassung muss also in der Lage sein, die Aufgaben einem Tag zuzuordnen. Sie schreiben die Aufgabe einfach unter den Tag, an dem Sie beginnen wollen – bitte nicht unter den Tag der Fälligkeit. Denn da ist es meist zu spät oder erzeugt unnötigen Zeitdruck. Eine einfache To-do-Liste aller offenen Aufgaben reicht nicht aus. An dieser Stelle scheitern viele EDV-Systeme und PDAs. Ein billiger Wochenkalender für 1,95 Euro ist schlicht besser.

Alles erfassen

Erfassen Sie konsequent *alle* Aufgaben, zumindest alles, was Sie nicht sofort erledigen können und daher einplanen müssen. Es dürfen in keinen Postkörbchen, in keiner Ablage oder in Stapeln auf dem Schreibtisch irgendwelche Aufgaben versteckt sein, die Sie nicht erfasst hätten. Sie verschaffen sich damit vollständigen Überblick und können Ihre Prioritäten richtig setzen.

Nichts mehr vergessen

Der Vorteil des Terminierens ist der, dass Sie sich automatisch kleine Arbeitspakete schnüren für die kleinste Planungseinheit, nämlich den Tag. Darüber hinaus laufen Sie nicht Gefahr, dass bestimmte Aufgaben „ewig" geschoben oder gar völlig vergessen werden. Alle Aufgaben sind in einem Abarbeitungsprozess eingebunden. Sie merken außerdem schneller, wann Ihre Kapazitäten erschöpft sind und zwingen sich früher zu streichen.

▶ **Führen Sie nur einen Terminkalender.**
Erfassen Sie hundert Prozent Ihrer Aufgaben!

1.6. Legen Sie eine Stunde am Tag die „Füße auf den Tisch"

Viele Führungskräfte werden heute von den Ereignissen und Umständen getrieben. Im Tagesablauf wird das am deutlichsten. Fast alle Termine und Aktivitäten sind von außen bestimmt, vom Kunden, vom Vorgesetzten oder den Kollegen. Das aktive Verfolgen eigener Ziele wird dann oft vernachlässigt. Freiräume drohen völlig verloren zu gehen. Dem müssen Sie entgegentreten.

Als gutes Mittel hat sich in der Praxis herausgestellt, sich eine Stunde am Tag auf die eigenen Ziele, auf die langfristigen Interessen zu konzentrieren. Wenn Sie bereits konsequent die Wochenplanung machen, enthält Ihr Tagesplan Aufgaben, die aus den strategischen Zielen und Projekten abgeleitet sind. Ergänzen Sie diese durch regelmäßige Analysen Ihrer Tätigkeit und der Teamprozesse.

Eine Stunde für Sie allein

Diese Stunde darf wirklich ganz für Sie allein zur Verfügung stehen. Sie sollen kein schlechtes Gewissen bekommen, wenn Sie Zeit für sich haben. Sie sind den ganzen Tag für andere da, und da sollten Sie für sich keine Zeit in Anspruch nehmen dürfen?

Bernhard von Clairvaux schrieb an Papst Eugen II: „Wenn Du ganz und gar für alle da sein willst, nach dem Beispiel dessen, der allen alles geworden ist, dann lobe ich diese Nächstenliebe – aber nur, wenn sie voll und echt ist. Damit Deine Nächstenliebe allumfassend und vollkommen sein kann, musst Du nicht nur für die anderen, sondern auch für Dich selbst ein aufmerksames Herz haben. Wenn alle Menschen ein Recht auf Dich haben, dann sei auch Du ein Mensch, der ein Recht auf sich selbst hat. Warum solltest allein Du selbst nichts von Dir haben?

Ja, wer mit sich selbst schlecht umgeht, wem kann der gut sein? Denk also daran: Gönne Dich Dir selbst. Ich sage nicht: Tu das immer. Ich sage nicht: Tu das oft. Aber ich sage: Tu es immer wieder einmal."

Planen Sie eine Stunde als Termin mit sich selbst ein. Bestimmen Sie dafür am besten eine feste Zeit. Teilen Sie Ihrer Umgebung diesen Termin mit – verbunden mit dem Hinweis, dass Sie nur in wichtigen Angelegenheiten gestört werden wollen. Tragen Sie die Zeit mit sich selbst als regelmäßigen Termin in Ihren Kalender ein.

Regelmäßig und ungestört

Typische Themen, an denen Sie neben Ihren Zielen in dieser Zeit arbeiten können, sind Ihre Berufs- und Karriereplanung. Dazu gehört die systematische Weiterbildung. Übernehmen Sie Verantwortung für Ihre eigene Personalentwicklung. Viele Führungskräfte lesen zu wenig. Wenn Sie jeden Tag fünf Seiten eines guten Fachbuches lesen, ist das gut investierte Zeit.

Die Stille birgt Kraft

Entspannen Sie sich – auch bei der Arbeit. Wenn Sie sich von der täglichen Plackerei nicht frei machen, könnte Ihre Gesundheit darunter leiden oder Sie könnten „ausbrennen". Nehmen Sie sich Zeit zum Denken. Um Innovationen und Prozessverbesserungen zu entwickeln, benötigen Sie Zeit. Zeit, um Fehler zu analysieren. Ein Ergebnis dieser stillen Stunde ist, dass Sie mehr Elan, mehr Eigeninitiative, mehr Weitsichtigkeit und mehr Arbeitszufriedenheit entwickeln.

Wenn Sie eine Stunde am Tag mehr hätten, was würden Sie damit anfangen?

Denkanstoß 2:
Eine Stunde einplanen

► **„Gönne dich dir selbst." Legen Sie eine Stunde am Tag die Füße auf den Tisch!**

1.7. Halten Sie Ihren Plan flexibel durch

Anpassen oder durchziehen?

Sie haben den Tag nach Plan begonnen und stellen fest, dass es nicht nach Plan läuft. Versuchen Sie den Plan anzupassen oder mit Gewalt durchzuhalten?

Sie arbeiten unter Zeitdruck an einem Projekt, da kommt ein junger Kollege, der bei Ihnen Unterstützung sucht. Der Kollege ist eher verschlossen und Sie haben schon lange auf eine Gelegenheit gewartet, ihn stärker in das Team zu integrieren. Lassen Sie ihn warten?

Ein wichtiger Kunde lädt Sie im Anschluss an eine Besprechung spontan zum Essen ein – aber Sie hatten Ihrer Tochter versprochen, zu ihrer Theateraufführung zu kommen. Wen verprellen Sie?

Sie können noch so gut planen, im Augenblick der Wahl müssen Sie sich neu entscheiden. Wo ist der Kompass, an dem Sie sich orientieren können? Welches sind die Faktoren, die auf Sie einwirken?

Viele Faktoren bestimmen Ihre Entscheidungen

Am stärksten bestimmt die Dringlichkeit, das heißt die eiligen und unmittelbar bevorstehende Dinge, die Entscheidung. Aber auch die angenehmen Dinge verdrängen die unangenehmen. Die eigenen und fremden Erwartungen und Werte, die Erziehung, die Grundbedürfnisse und Wünsche wirken auf die Entscheidung ein. Und schließlich kann das Gewissen, das eigentlich all die tief in uns sitzenden Faktoren zusammenfasst, das Ergebnis bestimmen.

Wie immer Sie sich entscheiden – es ist Ihre Entscheidung. Nicht die Umstände, Kollegen, Vorgesetzen oder Kunden sind dafür verantwortlich, nur Sie selbst. Sie benötigen ein einfaches Prinzip, an dem Sie sich ausrichten können. Dieses Prinzip ist eben Ihr Gewissen,

Hören Sie auf Ihr Gewissen

Ihre innere Stimme, auf die Sie lernen müssen zu hören. Befragen Sie Ihr Gewissen in Entscheidungssituationen. Bestimmte Fragen können Ihnen dabei helfen: „Wie kann ich meine Zeit im Moment am besten nutzen?“ „Was ist im Moment am wichtigsten?“ „Was verlangt das Leben von mir?“

Wenn Sie auf Ihr Gewissen hören, erleben Sie inneren Frieden. Anspannung und Zerrissenheit entsteht dort, wo Sie nicht auf Ihr Gewissen hören – und das ist viel aufreibender als harte, unermüdliche Arbeit.

Stephen Covey rät dazu: „Vor allem kommt es darauf an, dass Sie nicht einfach auf der Basis Ihrer eigenen Bedürfnisse und Ihres Zeitdrucks reagieren, sondern innehalten und die Verbindung zu Ihrem Gewissen herstellen, um im Augenblick der Wahl den Weg zum Wesentlichen zu finden.“

Arbeiten Sie an Ihrer Herzensbildung

Im Mittelalter sprachen die Mönche in diesem Zusammenhang von der Herzensbildung. Heute finden Sie dieses Wort unter der „Liste der verlorenen Wörter“ im Internet. Nur ab und zu können Sie es noch lesen, z. B. im Nachruf auf Marion Gräfin Dönhoff, den Ralf Dahrendorf in der Wochenzeitung „Die Zeit“ geschrieben hat:

„Wir, die wir Marion geliebt haben, teilten oft ihre Meinungen nicht. Sie war streng, wo manche von uns Kompromisse ertrugen, dann wieder milde, wo auch härtere Urteile am Platz sein konnten. Aber immer machte der Blick in ihre Augen uns schwach, und Meinungen fielen ab vor einem tieferen Gefühl der Nähe ... Jenseits alles Persönlichen hat Deutschland vor allem ein Stück Geschichte verloren, ein großes Stück, in dem Anstand und Herzensbildung die entscheidende Rolle spielten.“ (Die Zeit 12/2002)

Stellen Sie die Situation der Entscheidung in einen weiten Raum: Denken Sie an Ihre langfristigen Ziele und Beziehungen. Achten Sie auf Ihre Vitalbereiche. Prüfen Sie, was das alles noch für eine Bedeutung hat in einem Jahr oder gar bei Ihrer Pensionierung. Nehmen Sie Personen wichtiger als Sachen!

► **Stellen Sie den Augenblick der Entscheidung in einen weiten Raum. Befragen Sie Ihr Gewissen!**

1.8. Zusammenfassung

1. Nutzen Sie die Vorteile der Schriftlichkeit für Ihre Planung!
2. Planen Sie feste Zeiten für die Wochenplanung ein!
3. Arbeiten Sie nicht schneller, sondern intelligenter!
4. Organisieren Sie Ihr Tagwerk und Ihren Feierabend!
5. Führen Sie nur einen Terminkalender. Erfassen Sie hundert Prozent Ihrer Aufgaben!
6. „Gönne dich dir selbst." Legen Sie eine Stunde am Tag die Füße auf den Tisch!
7. Stellen Sie den Augenblick der Entscheidung in einen weiten Raum. Befragen Sie Ihr Gewissen!

Literaturempfehlungen

Kenneth Blanchard, Bill Hybels, Phil Hodges: Das Jesus-Prinzip. Führen mit biblischer Weisheit. Asslar: Schulte und Gerth 2000.

Stephen R. Covey, A. Roger Merrill und Rebecca R. Merrill: Der Weg zum Wesentlichen. Zeitmanagement der vierten Generation. Frankfurt am Main: Campus 1997.

Einladung zum Umsetzen: Was möchten Sie ändern?

Aktivitäten	Termin	✓

Teil II Kapitel 2.

Souveränität nach innen: Sich selbst beherrschen

2.1. Werden Sie erfolgreich durch Selbstkontrolle

Ohne Kontrolle kein Erfolg

Viele Menschen haben eine kritische Haltung gegenüber Kontrolle. Sie verbinden es mit Misstrauen, enger Führung und fehlendem Freiraum. Aber das Erreichen von Zielen und der damit verknüpfte Erfolg, ja selbst Lob und Anerkennung sind ohne Kontrolle nicht möglich. Verbinden Sie Kontrolle mit Selbstkontrolle und Erfolgskontrolle und ändern Sie so Ihre Betrachtungsweise. Dann fällt es Ihnen leichter, Kontrolle als notwendigen Grundbaustein Ihres Erfolges zu akzeptieren.

Soll-Ist-Vergleich

Kontrolle ist ganz allgemein ein Soll-Ist-Vergleich. Das Soll ist in der Regel das Ziel, das Sie erreichen wollen. Das Ist gibt die tatsächliche Situation und Entwicklung wieder. Der Vergleich ermöglicht Ihnen eine Lagebeurteilung, die eine Bestätigung der bisherigen Arbeit bedeutet oder aber Korrekturmaßnahmen zur Folge hat. Kontrolle ermöglicht Ihnen, Abläufe, Projekte, aber auch sich selbst – im Großen wie im Kleinen – in den Griff zu bekommen.

Frühzeitig ansetzen

Eine reine Ergebniskontrolle wird in der Regel nicht ausreichen, da das Ergebnis am Ende nicht mehr stark beeinflusst werden kann bzw. es einfach terminlich zu spät für entsprechende Maßnahmen ist. Deshalb sollten Sie regelmäßige und frühzeitige Kontrollen durchführen.

Folgende Kontrollschritte können Ihren persönlichen Erfolg sichern:

1. Die Tageskontrolle

Freuen Sie sich über kleine Erfolge

Im Rahmen Ihrer Planung für den nächsten Tag führen Sie gleichzeitig die Tageskontrolle des abgelaufenen Tages durch. Dabei kontrollieren Sie die Aufgaben, die Sie gemäß Plan erledigt haben. Sie überprüfen, welche Aufgaben ungeplant dazukamen und ob diese wirklich notwendig waren. Vor allem vergewissern Sie sich, ob die Prioritäten, die Sie gesetzt haben, von Ihnen auch konsequent durchgehalten worden sind. Gab es Störungen, die Sie besser nicht zugelassen hätten? Halten Sie fest, was Ihr Erfolgserlebnis für diesen Tag war und wofür Sie dankbar sein können.

2. Die Wochenkontrolle

Langfristige Ziele im Blick behalten

Das Besondere der Wochenplanung ist die Verbindung zwischen strategischen und kurzfristigen Aufgaben (vgl. II 1.3.). Dementsprechend ist der Sinn der Wochenkontrolle, den Fortschritt Ihrer langfristigen Ziele und Projekte zu verfolgen. Achten Sie darauf, dass das Tagesgeschäft und die kurzfristigen Aktivitäten die strategischen Aufgaben nicht völlig verdrängen konnten. Überprüfen Sie das Gleichgewicht zwischen den einzelnen Lebensrollen und den Vitalbereichen (vgl. I 2.). Im Laufe einer Woche sollten Sie alle Lebensbereiche ausreichend berücksichtigen. Analysieren Sie Ihren Arbeitsstil, Ihren Umgang mit Störungen sowie Ihr Delegationsverhalten. Setzen Sie die Erkenntnisse bei der nächsten Wochenplanung konsequent um.

3. Die Quartalskontrolle der Jahresziele

Ziele anpassen?

In vielen Unternehmen, in denen Jahreszielvereinbarungen getroffen sind, werden zur laufenden Kontrolle der Ziele Quartalsgespräche geführt – zu Recht. Es ist sinnvoll, für das Erreichen der Jahresziele einerseits Freiraum zu gewähren und andererseits den Fortschritt zu überwachen, um die Bedeutung der Ziele zu unterstreichen, aber auch, um Hilfestellungen und Ermutigung zu geben. Die Quartale sind hierfür der richtige Rhythmus, die richtige Balance zwischen Freiraum und Kontrolle. Übernehmen Sie diese Regel auch für die Selbstkontrolle Ihrer langfristigen Ziele. Sind Sie noch im Plan? Haben Sie Meilensteine termingerecht erreicht? Stimmen die Ziele noch oder haben sich die Umweltfaktoren so geändert, dass eine Korrektur der Ziele sinnvoll ist? Unter Umständen müssen Sie die Balance in den Wochenplänen zu Gunsten der strategischen Aufgaben verschieben.

4. Der Jahresrückblick

Ziele erreicht?

Der Jahresrückblick wird sinnvollerweise mit der Jahresplanung für das kommende Jahr kombiniert. Welche Ziele haben Sie erreicht und welche nicht? Warum haben Sie bestimmte Ziele nicht erreicht? Steht Ihre Gesamtsituation noch im Einklang mit Ihren Lebens- und Periodenzielen? Befindet sich Ihr Leben im Gleichgewicht, insbesondere bezogen auf Beruf und Familie sowie Leistung und Entspannung/Gesundheit. In diesen Spannungsfeldern lauern bei Führungskräften die großen Gefahren, die lange übersehen oder ignoriert werden. Überdenken Sie Ihre Werte: Leben Sie Ihre Werte auch im Alltag? An welchen Charaktereigenschaften müssen Sie etwas verbessern? Wo sind Sie mit sich oder Ihrer beruflichen oder privaten Situation unzufrieden?

▶ Führen Sie in festen Rhythmen Selbstkontrollen durch!

2.2. Leisten Sie sich das Vorrecht der Pünktlichkeit

Unpünktlichkeit bedeutet Verschwendung

Führungskräfte werden in der Regel nicht auf ihre Pünktlichkeit oder Ehrlichkeit überprüft. Diese setzt man voraus (vgl. z. B. Wirtschaftswoche 6.6.02). Welch Irrtum! Unpünktlichkeit ist in den meisten Unternehmen ein riesiger Verschwendungsfaktor. Wer ahnt schon, wie viel Arbeitszeit gewartet wird in Besprechungen aller Art? Wie viele Projekte nicht optimal ablaufen, weil die Zusammenarbeit durch Unpünktlichkeit und Verzögerungen geprägt wird? Wie viele Beziehungen leiden, wie viele Spannungen im Kollegenkreis entstehen – nur wegen mangelnder Pünktlichkeit.

Pünktlichkeit ist Einstellungssache

Dabei kann festgestellt werden, dass es immer wieder dieselben Menschen sind, die zu spät kommen, und auch dieselben, die pünktlich sind. Es sind also weniger die Umstände und Situationen, die darüber entscheiden, ob Sie pünktlich sind oder nicht, als vielmehr Ihre Einstellung überhaupt zur Pünktlichkeit. Was sind also die Vorzüge der Pünktlichkeit für eine Führungspersönlichkeit?

Wer pünktlich ist, achtet den anderen

Pünktlichkeit ist die Höflichkeit der Könige, sagt ein Sprichwort. Gerade die, die souverän über ihre Zeit verfügen können, bemühen sich um Pünktlichkeit – der anderen wegen. Sie setzen Maßstäbe, sie achten gemeinsame Prinzipien höher als ihre eigene Freiheit. Als Führungskraft wirken Sie durch Ihr Vorbild auf Ihre Mitarbeiter. Sie werden beobachtet und können somit die Norm in Ihrem Unternehmen bestimmen. Pünktlichkeit ist Ausdruck der Wertschätzung, die Sie anderen Menschen gegenüber zeigen. Sie werten den Mitarbeiter auf und stärken seinen Selbstwert und seine Selbstsicherheit.

Teamarbeit ist geprägt durch das Vertrauen der Teammitglieder untereinander. Das Vertrauen entsteht durch Vertrauensvorschuss und korrektes Verhalten. Zuverlässigkeit und Berechenbarkeit sind der Mörtel zwischen den Elementen eines Teams und diese wiederum sind wesentlich bestimmt durch Ihre Pünktlichkeit. Projektarbeit funktioniert heute nur, wenn Termine exakt eingehalten werden. Auch Kundenzufriedenheit ist wesentlich durch Liefertreue und damit praktisch durch Pünktlichkeit bestimmt.

Glauben Sie bitte nicht, dass Sie im Großen treu sein können, wenn Sie im Kleinen untreu sind. Es fängt damit an, dass Sie pünktlich Ihre Termine einhalten und bei Besprechungen pünktlich zugegen sind. Vielerorts herrscht eine Kultur der Unpünktlichkeit, die selbst

Gutwillige verzweifeln lässt. Wenn sie zu Beginn der Besprechung alleine da sind, kommen sie das nächste Mal auch nicht mehr pünktlich. Das setzt sich fort von der obersten Führungsebene bis zum Monteur am Band, der regelmäßig schon um zwölf Uhr in der Kantine sitzt, statt erst zu dieser Zeit seinen Arbeitsplatz zu verlassen.

Wie können Sie entgegen solchen Tendenzen selbst pünktlich sein oder wieder werden? Folgende Maßnahmen helfen Ihnen:

Fordern Sie Pünktlichkeit

- Fordern Sie bei Besprechungen immer wieder Pünktlichkeit ein! Machen Sie es zum Thema der Runde! Weisen Sie darauf hin, das Wartezeiten das Unternehmen Geld kosten.

Führen Sie Regeln ein

- Wenn Sie ein neues Projekt starten, stellen Sie schriftlich Regeln für die Zusammenarbeit auf. Pünktlicher Start und pünktliches Ende sind wichtige Bestandteile einer guten Zusammenarbeit. Ein kleines Sparschwein, in das jeder zwei Euro beim Zuspätkommen einwerfen muss, hat oft schon Wunder gewirkt – auch bei Kollegen, die mehrere hunderttausend Euro im Jahr verdienen.

Schätzen Sie den Zeitbedarf richtig ein

- Prüfen Sie sehr genau, ob Sie die Terminzusagen auch wirklich halten können. Planen Sie Reserven ein. Beginnen Sie nicht am spätesten möglichen Tag, um die Aufgaben noch termingerecht fertig zu stellen, sondern beginnen Sie am frühesten möglichen.

Wenn es doch nicht klappt: Informieren Sie die Betroffenen

- Wenn Sie einen Termin nicht einhalten können, informieren Sie sofort die Betroffenen und hoffen Sie nicht darauf, dass es keiner merkt. So wird deutlich, dass Ihnen an Termintreue etwas liegt und dass Sie noch Übersicht über Ihre Aufgaben und Projekte haben. Jeder, der mit Handwerkern zu tun hat, weiß, wie man sich ärgert, wenn sie einfach nicht zum verabredeten Termin erscheinen und nicht einmal mitteilen, dass sie nicht kommen.

Bei welcher Veranstaltung werden Sie Unpünktlichkeit nicht mehr akzeptieren?

Denkanstoß 1: Schluss mit der Unpünktlichkeit

▶ **Werden Sie pünktlich!**

2.3. Beenden Sie Aufgaben konsequent

Abgeschlossene Aufgaben schaffen Befriedigung

Eine Aufgabe abzuschließen, ist äußerst befriedigend. Für einen Studenten ist es befriedigend, seine Hausarbeit oder Diplomarbeit abzuschließen. Für einen Buchhalter ist es befriedigend, wenn die Bilanz aufgeht. Für einen Bauleiter ist es befriedigend, wenn ein Haus fertig gebaut ist. Für eine Führungskraft ist es befriedigend, wenn ein neues Produkt entwickelt wurde und es sich am Markt durchsetzt. Dennoch versagen Sie sich oft dieses Gefühl der Befriedigung, weil Sie Aufgaben nicht abschließen. Das gilt im Kleinen wie im Großen.

Viele Aufgaben erzeugen Stress

Nehmen Sie Ablenkungen fast dankbar auf? Verlassen Sie die momentane Aufgabe, um sich einer neuen Herausforderung zu stellen? Wenn Sie das tun, werden Sie als Ergebnis viele Baustellen gleichzeitig geöffnet haben. Stress ist aber gar nicht so sehr eine Frage der Menge der Arbeiten, sondern mehr eine Frage der Anzahl der gleichzeitig zu erledigenden Aufgaben. Somit führt dieses Verhalten zu hohem Stress, zu Frustration und Nervosität.

Ohne klare Prioriäten droht das Chaos

Herr X sitzt an einer Beurteilung. Er hat gerade damit begonnen, als das Telefon klingelt. Der Anrufer fragt nach einem überfälligen Protokoll. Sofort holt Herr X seine Notizen der letzten Sitzung heraus und schaut sich das E-Mail mit der Einladung dazu an. Dabei entdeckt er, dass er zwei neue E-Mails erhalten hat. Er liest das erste und merkt, dass in seiner Abteilung einem Mitarbeiter ein Fehler unterlaufen ist. Er will sich gleich auf den Weg zu diesem Mitarbeiter machen, um das Problem zu klären. Da fällt sein Auge auf den unerledigten Poststapel von gestern und er fängt an, die Briefe durchzublättern, ob etwas Wichtiges dabei ist. Er findet tatsächlich einen Scheck, den er sofort zur Buchhaltung bringt. Auf dem Weg dorthin kommt er an der Caféteria vorbei …

Verschiedene Ursachen

Dieses Beispiel ist vielleicht ein bisschen übertrieben – aber im Prinzip läuft es doch oft so ab. Vieles wird begonnen, zur Hälfte erledigt und dann erschlägt einen bereits das nächste Problem. Was sind die Ursachen dieses Verhaltens? Auf der strategischen Ebene sind häufig die Ziele und die daraus abgeleiteten Prioritäten unklar. Das Neue könnte ja auch wichtig sein. Auf der Durchführungsebene fehlt es an Konzentration auf die momentane Arbeit.

Zusätzlich ist die Persönlichkeitsstruktur in diesen Fällen zu sehr auf Beziehungen ausgerichtet, so dass man es allen recht machen will oder einfach soziale Kontakte der eintönigen Arbeit vorzieht. Manche neigen auch dazu, sich zu viel zuzumuten und sind zu ehrgeizig. Sie sind unfähig, Nein zu sagen. Das Ergebnis: Sie verzetteln sich und sind nicht in der Lage, ihre Aufgaben zu Ende zu bringen (vgl. I 3.3.).

Einige simple Verhaltensweisen können Ihnen helfen:

1. Eins nach dem anderen

Dringendes kann meist etwas warten

Selbst dringende Unterbrechungen und Anfragen haben meist so viel Zeit, dass Sie die aktuelle Arbeit erst abschließen können. Entwickeln Sie die Gewohnheit, eine Aufgabe konsequent zu Ende zu bringen, bevor Sie die nächste anfangen: Wenn Sie ein Problem bearbeiten und einen Antwortbrief schreiben, bleiben Sie dran, bis Sie die Briefmarke aufgeklebt und den Brief in den Postausgangskorb gelegt haben. Erst dann entscheiden Sie neu über geänderte Prioritäten.

2. Kleine Erfolgserlebnisse feiern

Ködern Sie sich selbst

Wenn Sie bei umfangreicheren Aufgaben dazu neigen, diese unerledigt wieder zu verlassen, ködern Sie sich selbst mit einer kleinen Belohnung. Das hilft Ihnen vielleicht, Aufgaben wirklich zu Ende zu bringen. Dann haben Sie sich die Tasse Kaffee oder die kleine Pause verdient. Oder ein schönes Glas Rotwein oder auch ein wunderbares Abendessen zu zweit.

3. Ordnung am Arbeitsplatz

Lassen Sie sich nicht ablenken

Wenn zu viele Aufgaben auf Ihrem Schreibtisch liegen, ist die Gefahr der Ablenkung und Verzettelung natürlich groß. Legen Sie nur das auf den Schreibtisch, was Sie zur Erledigung der aktuellen Aufgabe benötigen. Stellen Sie die automatische Benachrichtigung für eingehende E-Mails ab. Die Versuchung ist zu groß nachzuschauen, wer gerade an Sie denkt (vgl. II 2. 4.–5.).

4. Konsequente Tagesplanung

Lassen Sie sich vom Tagesplan leiten

Machen Sie einen klaren Tagesplan für Ihre zu erledigenden Aufgaben (vgl. II 1.4.). Das hilft Ihnen, sich nicht so leicht von dem eingeschlagenen Weg abbringen zu lassen.

Einladung zum Weiterdenken: Welche Aufgaben wollen Sie morgen zu Ende bringen?

▶ **Machen Sie eins nach dem anderen!**

2.4. Entwickeln Sie sich vom Volltischler zum Leertischler

Ordnung reduziert Stress

Wenn Sie morgens Ihr Büro betreten und finden einen überhäuften Schreibtisch vor, kann es passieren, dass die Motivation für den Tag schon am Boden ist, bevor Sie überhaupt angefangen haben. Wenn Sie also über Ordnung am Schreibtisch nachdenken, ist das nicht eine Frage des Schönheitssinnes, sondern ganz nüchtern eine Frage der besseren Organisation und des geringeren Stresses.

Stapel erzeugen ein schlechtes Gewissen

Die meisten Führungskräfte, die ich in Schreibtischmanagement geschult habe, gaben mir auf die Frage, warum so viele unerledigte Dinge auf ihrem Schreibtisch sind, zur Antwort, dass sie das Wichtige nicht aus den Augen verlieren wollten. Es würde sie gewissermaßen erinnern und so könnten sie nichts vergessen. Welch ein Selbstbetrug! Da befinden sich Unterlagen, die schon mehrere Monate alt sind. In einzelnen Fällen habe ich „Erinnerungen" gefunden, die mehrere Jahre alt waren, ja Akten, die sechs und acht Jahre auf dem Schreibtisch lagen und nichts gebracht haben – außer einem schlechten Gewissen.

Unordnung lenkt ab

Je länger etwas auf dem Schreibtisch liegt, desto mehr neigen Sie dazu, es zu ignorieren. Gleichzeitig lenkt es Sie von der Arbeit ab, an der Sie gerade sind, das heißt, es mindert Ihre Konzentrationsfähigkeit. Wenn Sie dann auch noch dazu neigen, gerne abzuschweifen und vor allem unangenehmen Aufgaben zu entfliehen, haben Sie sich damit eine „Falle" gebaut, die Ihnen die Flucht erleichtert – ohne dass Sie den Fluchtweg dazu nutzen würden, das andere jetzt wirklich zu erledigen. Fangen Sie also an, Ihren Schreibtisch aufzuräumen!

Von links oben nach rechts unten

Ist Ihr Schreibtisch bereits stark überfüllt, gilt es zunächst Aufräumblockaden zu überwinden. Die bestehen meist darin, dass die Menge der unerledigten Aufgaben zu groß geworden ist: 100 bis 250 Zettel, Notizen, E-Mails, Schreiben, Berichte und Protokolle liegen auf dem Tisch. „Wo soll ich anfangen?" ist daher die schwierige Frage. Beginnen Sie einfach links oben und arbeiten Sie sich nach rechts unten durch. Nehmen Sie sich bitte nicht zu viel auf einmal vor. Es genügt, dass Sie den ersten Stapel wegräumen. Das ist viel einfacher als alles auf einmal. Und wenn Sie mal angefangen haben und das erste kleine Erfolgserlebnis gespürt haben, machen Sie von alleine weiter.

Folgende Grundsätze können Ihnen helfen:

1. Die Arbeitsfläche ist grundsätzlich leer

Jeden Abend aufräumen

Legen Sie nur das auf dem Schreibtisch, was Sie zur Erledigung der augenblicklichen Aufgabe benötigen. In der Übergangsphase packen Sie alles unerledigt einfach in eine Kiste und leeren Sie diese systematisch täglich um drei Zentimeter. Räumen Sie jeden Abend Ihren Schreibtisch leer.

2. Reduzieren Sie die Anzahl der Körbchen auf maximal drei

Nichts verschwindet mehr

Drei Körbchen reichen: eines für Posteingang, eines für Postausgang und eines für Unerledigtes. Das Körbchen „Unerledigtes“ ist aber nur dann erlaubt, wenn Sie schon konsequent Aufgabenerfassung und Terminierung mit einem Zeitplanbuch oder entsprechendem EDV-System betreiben. Sonst laufen Sie Gefahr, hier ein Bermudadreieck zu installieren, in dem die Aufgaben verschwinden (vgl. II 1.5.). Weitere Körbchen verwenden Sie nur, wenn sie Teil Ihres Arbeitsprozesses sind und nicht bloß als Ablage benutzt werden.

3. Ordnen Sie Ihre unerledigten Aufgaben

Ordnung spart Zeit

Alles, was Sie nicht sofort erledigen können, packen Sie in eine „Akte“, also ein Hängeregister, oder noch besser in einen Mappei-Stehsammelordner (www.mappei.de). Diese sparen Platz und sind übersichtlich und leicht zu beschriften. Der Vorteil ist: Die Dinge liegen nicht mehr auf Ihrem Schreibtisch und sind doch jederzeit verfügbar. Bereits beim ersten Zugriff auf die Akte hat sich der Aufwand für das Anlegen eines Ordners gelohnt.

4. Nutzen Sie ein Wiedervorlagesystem

Tages- oder Wochenmappe?

Sie haben zwei Möglichkeiten: Ein „Einunddreißiger“-System für jeden Tag oder ein „Zweiundfünfziger“-System für jede Woche. Dort können Sie Einladungen, Besprechungsunterlagen, Informationen aller Art ablegen. Diese tauchen dann an dem Tage bzw. der Woche wieder auf, an dem Sie sie benötigen.

5. Alles hängt an einem roten Faden

Sofort wieder aufräumen

Wenn Sie etwas benutzt haben, räumen Sie es sofort wieder auf. Stellen Sie sich vor, alles hängt an einem roten Faden und ist fest mit dem Ort verbunden, an den es gehört.

▶ **Räumen Sie abends den Schreibtisch leer!**

2.5. Kriegen Sie die Papier- und E-Mail-Flut in den Griff

Seit Mitte der 80er Jahre wird das papierlose Büro propagiert. In meiner ganzen beruflichen Laufbahn habe ich es nur einmal erlebt: In einer Bank in München hatte ein junger Abteilungsleiter sein Büro konsequent papierlos organisiert. Das Erste, was er machte, war, seinen Drucker abzuschaffen. Alle anderen Führungskräfte kämpfen nach wie vor mit Papier und zunehmend auch mit E-Mails, die sie zum Großteil „natürlich" ausdrucken lassen.

Die Qual mit dem Infomüll

So überschrieb die Wirtschaftswoche einen Bericht über die zunehmende Flut von E-Mails bei Führungskräften mit „Digitale Deppen" und schildert, wie immer mehr Manager durch Infomüll überschwemmt werden (Wirtschaftwoche 29.4.99). „Risikoscheue Angestellte verschicken bei jeder Gelegenheit Dutzende von E-Mails an ihre Vorgesetzten, um sich gegen spätere Kritik abzusichern. Subalterne Mitarbeiter freuen sich besonders, wenn sie einmal „an alle" Post versenden dürfen – und sei es auch nur zur Weihnachtszeit." Die Folgen sind neben der oftmals oberflächlichen Information, den unausgegorenen Fragen und übereilten Antworten vor allem die ständigen Unterbrechungen, die bei „Spitzenkräften" bereits drei bis vier Stunden am Tag ausmachen können.

Sie müssen daher eine Technik entwickeln, wie Sie der Papier- und E-Mail-Flut Herr werden. Vier goldene Regeln helfen Ihnen dabei:

1. Wegwerfen

Im Zweifelsfalle: Papierkorb

Das Informationsverhalten scheint überwiegend noch aus der Zeit der Sammler und Jäger zu kommen: Viele neigen dazu, alles aufzuheben – man könnte es ja noch einmal benötigen. Derweilen sind die meisten firmeninternen und -externen Informationssysteme recht ausgereift. Es gibt kaum ein Protokoll, einen Bericht, eine Statistik, die Sie nicht jederzeit abrufen könnten. Die Regel muss also lauten: Im Zweifelsfalle weg. Wenn Sie nicht eine klare Vorstellung haben, wozu Sie ein Blatt Papier oder ein E-Mail aufbewahren sollen, werfen Sie es einfach weg. Bei E-Mails entscheiden Sie nach dem Betreff. Ist der Betreff nicht klar, löschen Sie das E-Mail ungelesen. Um 50 Prozent wird bei den meisten die Flut reduziert.

2. Jedes Blatt/E-Mail nur einmal in die Hand nehmen

Antworten Sie sofort und kurz

Vor allem bei Personen, die gerne Entscheidungen hinauszögern, kann diese Regel enorm helfen, ihren „Papierkrams in den Griff zu kriegen“ (vgl. II 2.3.). Ein Großteil der Post und die meisten E-Mails sind kurz zu beantworten und entsprechend schnell zu erledigen. Hier lohnt es sich nicht, die Dinge erst zu ordnen oder in Prioritätenstapel zu sortieren. Sie müssen sich beim Sortieren doch immer ein wenig einlesen, um dann zu entscheiden – und dann womöglich erneut zu verschieben. Wenn Sie das dreimal gemacht haben, hätten Sie die Aufgabe auch schon erledigen können. Also: Wenn Sie Ihre Post anschauen, erledigen Sie sie sofort. Wenn Sie eingegangene E-Mails abgearbeitet haben, ist der Posteingang anschließend leer! Das funktioniert bei 80 bis 90 Prozent der Fälle.

3. Akte anlegen und terminieren

Keine Zeit mehr verschwenden

Nur für den Rest legen Sie eine Akte an und terminieren diese. So stellen Sie sicher, dass Sie die Aufgabe erledigen. Zudem vermeiden Sie Zeitverschwendung, weil Sie diese auch nicht unnötig oft in die Hand nehmen.

4. Ordentlich ablegen

Nutzen Sie ein klares Ablagesystem

Müssen Sie aus rechtlichen, finanztechnischen oder sonstigen Gründen wirklich etwas ablegen, machen Sie es ordentlich. Sie müssen es jederzeit innerhalb einer Minute wieder finden. Ordnung bedeutet: Jedes Teil hat einen festen Platz. Da müssen Sie sich genau überlegen, in welchen „Behälter“ Sie das Papier ablegen – ob Leitzordner, Hängeregister oder Stehsammelordner. Für die meisten Vorgänge eignet sich der im vorigen Kapitel schon erwähnte Mappei-Stehsammelordner am besten. Sie müssen die Behälter sofort beschriften. Handgeschrieben und sofort ist besser, als das irgendwann per Computer nachzuholen. Benutzen Sie Farben, um klare Zuordnungen zu treffen. Scheuen Sie sich auch nicht davor, Schränke und Schubladen genau zu beschriften. Investieren Sie Zeit und Geld in Ihr Ablagesystem, auch in entsprechende Möbel, wenn es sein muss. Das amortisiert sich nach wenigen Wochen.

Einladung zum Einüben: Machen Sie zur Kontrolle Ihr Namenszeichen an jedes Blatt, das Sie angeschaut und nicht sofort erledigt haben. Wie viele Namenszeichen befinden sich nach einer Woche auf den Papieren?

▶ **Nehmen Sie jedes Blatt/E-Mail nur einmal in die Hand!**

2.6. Bekämpfen Sie Aufschieberitis

Ich kenne niemanden – mich eingeschlossen –, der nicht irgendetwas aufschiebt. Bei mir betrifft das alles, was mit dem Finanzamt zu tun hat. Schon wenn ich die Formulare sehe, wird mir regelmäßig übel. Da kann ich wochenlang ein Formblatt oder einen Termin ignorieren, obwohl ich sonst sehr konsequent bin. Dabei weiß ich gar nicht genau, warum ich diese Dinge schiebe. Eigentlich kenne ich mich damit aus. Vielleicht sind es nur die kleinen Kästchen, in die ich nicht gerne schreibe, oder die Erinnerung an die häufigen Auseinandersetzungen mit dem Finanzamt, wie sie jeder Unternehmer kennt.

Analysieren Sie Ihre ungeliebten Aufgaben

Warum schildere ich dies? Der erste Schritt beim Bekämpfen der Aufschieberitis ist die klare Analyse der Aufgaben, die Sie vor sich her schieben. Erst wenn Sie sich ehrlich eingestehen, was Sie nicht erledigen, sind Sie in der Lage, Gegenstrategien zu entwickeln.

Keine Angst vor Fehlern

Die Ursachen für Aufschieberitis sind unterschiedlich. Die häufigste ist mangelnde Entscheidungsfreude. Damit verbunden ist oft die Angst, eine Fehlentscheidung zu treffen, oder auch zu geringes Selbstbewusstsein. Perfektionismus verstärkt die Angst vor Fehlern. Dann folgt nach meiner Erfahrung die Bequemlichkeit, dass man andere Dinge lieber macht, weil sie angenehmer oder interessanter sind. Was Sie aber unter Umständen dabei nicht bedenken, sind die Kosten der Bequemlichkeit. Die Folge ist häufig Torschlusspanik oder gar ganz ausbleibender Erfolg. Und schließlich ist eine Ursache für Aufschieberitis das inkonsequente Prioritätensetzen, das verhindert, das Wichtige immer zuerst zu tun – auch wenn es unangenehm ist.

Fünf Hilfen

Hilfen beim Bekämpfen von Aufschieberitis sind folgende Gedanken:

- Akzeptieren Sie, dass Entscheidungen immer ein gewisses Risiko beinhalten. Aber frühzeitige Entscheidungen schaffen zeitlichen Spielraum für Korrekturen.
- Entwickeln Sie eine neue Fehlerphilosophie. Fehler sind immer Chancen für Verbesserungen. Fehler können so zur Grundlage von Innovation und Lernen werden.
- Setzen Sie sich für Entscheidungen immer Fristen. Setzen Sie sich an der richtigen Stelle selbst unter Druck – vielleicht indem Sie den Termin bekannt geben. Versuchen Sie nicht, immer alle Fakten zu erforschen, sonst fallen Sie in die „Paralyse der Analyse".
- Stellen Sie bewusst Prioritäten auf (vgl. I 4.).

- Nutzen Sie Delegation. Andere erledigen vielleicht Ihre unangenehmen Aufgaben sehr gerne.

Wie können Gegenstrategien aussehen, um Ihre schlechten Gewohnheiten zu ändern?

1. Unangenehme Aufgaben zuerst angehen

Erst das Unangenehme, dann der Rest

Erledigen Sie Unangenehmes immer sofort. Ist dies nicht möglich, planen Sie es für einen Tag ein und beginnen Sie morgens als Erstes damit. Fangen Sie nicht mit einer anderen Aufgabe an, sonst fällt Ihnen wieder so vieles ein, warum Sie das Unangenehme heute wieder nicht erledigen können. Falls Sie mit Prioritäten schon sicher umgehen können, machen Sie das Unangenehme zur Priorität des Tages.

2. Komplexe Aufgaben aufteilen

Gehen Sie in Etappen vor

Unterteilen Sie große und komplexe Aufgaben in kleine Häppchen. Eine Stichwortsammlung zu einem Referat ist leichter zu bewältigen, als sich das gesamte schwierige Referat auf einmal vorzunehmen. Und fangen Sie einfach an. Oft werden Sie vom ersten Erfolg weitergetragen.

3. Harten Entscheidungen nicht ausweichen

Besser entscheiden als aufschieben

Einem unangenehmen Beurteilungsgespräch oder gar einer Entlassung gehen viele lieber aus dem Weg. Machen Sie sich klar, dass diese offenen Probleme bei Ihnen Magengeschwüre verursachen können. Eine harte Entscheidung belastet Sie oft weniger als das Vor-sich-her-Schieben dieser Entscheidung. Schwieriges wird durch Aufschieben auch nicht leichter, und einen schmerzlosen Weg gibt es fast nie.

Welche Art von Aufgaben schieben Sie gerne?

Denkanstoß 2: Aufschieberitis

▶ **Begraben Sie würdevoll Ihre Leichen im Keller!**

2.7. Stärken Sie Ihre Selbstdisziplin

Auf die Frage, welcher Charakterzug stärker ausgeprägt sein sollte, antworten Seminarteilnehmer regelmäßig: „Selbstdisziplin". Dabei ist unklar, was Selbstdisziplin überhaupt ist, und es ist noch unklarer, wie Selbstdisziplin im Alltag entwickelt und gestärkt werden kann.

Aufgrund von Einsicht handeln

Der Volksmund spricht vom „inneren Schweinehund", den es zu überwinden gilt. Es geht darum, sich nicht von der eigenen Trägheit, Angst oder Gleichgültigkeit bestimmen zu lassen, sondern diese Gefühle zu beherrschen und das Handeln ausschließlich von seinen Zielen und Idealen abhängig zu machen. Selbstdisziplin leben Sie, wenn Sie nicht nach Lust und Laune, sondern aufgrund von Einsicht handeln.

Der kleine Unterschied

Wenn ich am Samstagnachmittag im Garten sitze und daran denke, dass ich am Montag in einer Woche einen Vortrag halten soll, glauben Sie, dass ich da Lust habe, den Vortrag auszuarbeiten? Dann fällt mir ein, dass ich nächste Woche fünf Tage auf Seminar bin und am Samstag bei der Geburtstagsfeier meiner Mutter. Wenn ich also heute nicht mit dem Vortrag beginne, werde ich voraussichtlich Sonntagabend die halbe Nacht sitzen, da ich mich am nächsten Tag nicht blamieren möchte. Nun habe ich immer noch keine Lust. Aber Selbstdisziplin ist genau dieser kleine Unterschied: Bestimmt meine Unlust mein Handeln oder aber meine Einsicht?

Selbstdisziplin optimiert Ihre Arbeit

Bei Selbstdisziplin denken Sie sicher auch an Härte gegen sich selbst. Das deutsche Wort dafür heißt „Manneszucht". Da klingt diese Selbstkasteiung noch stärker durch. Das gilt aber nur, wenn Sie kurzfristig denken. Wenn Sie langfristig denken, ist Selbstdisziplin eine Optimierungsstrategie. In einem Vortrag definierte der Managementberater Ken Blanchard Selbstdisziplin als „aufgeschobene Lust". Wir mussten zunächst alle ein wenig schmunzeln, bis wir begriffen, was er damit meinte:

Zwei Schüler kommen von der Schule nach Hause und essen zu Mittag. Der Erste rennt gleich nach draußen zum Spielen und muss den ganzen Nachmittag daran denken, noch seine Hausaufgaben zu machen. Der Zweite macht gleich seine Hausaufgaben und kann dann völlig entspannt spielen. Der Zweite hat doch wohl offensichtlich die bessere Strategie gewählt. Viele neigen aber dazu, die Strategie des Ersten zu übernehmen.

Lernen Sie Geduld

In unserer Gesellschaft ist Warten, Geduld, Standhaftigkeit kaum mehr gefragt. In der Werbung heißt es von morgens bis abends: „Genuss sofort". Wie können Sie da Gewohnheiten entwickeln, die mehr auf Langfristigkeit, Weitsicht und Ausdauer ausgerichtet sind? Konsum soll gleich stattfinden, selbst wenn Sie das Auto, die Einrichtung oder den Urlaub auf Kredit finanzieren und Jahre dafür abzahlen und am Ende das Doppelte dafür hinlegen müssen. Wie kommen Sie aus diesem Teufelskreis heraus, den Preis für Ihr „Vergnügen" immer erst hinterher zu bezahlen?

Schluss mit den kleinen Niederlagen

Einerseits geht es darum, an den kleinsten Gewohnheiten zu arbeiten und die damit verbundenen negativen Erlebnisse und Niederlagen zu eliminieren. Wie oft sind Sie morgens nicht aufgestanden, obwohl der Wecker klingelte? Wie oft haben Sie mittags doch den Nachtisch gegessen, obwohl Sie verzichten wollten? Wie oft sind Sie abends nicht gejoggt, obwohl Sie wissen, dass Sie den Ausgleich dringend nötig haben? Jede Niederlage dieser Art ist eine bleibende Schwächung Ihrer Selbstsicherheit und damit Ihrer Selbstdisziplin.

Schwenken Sie um! Setzen Sie diesen negativen Erlebnissen positive entgegen! Beginnen Sie z. B. mit Sport. Setzen Sie bewusst die Latte niedrig. Gehen Sie zwanzig Minuten flott spazieren – aber konsequent jeden Tag. Jeden Tag haben Sie nun ein Erfolgserlebnis. Nach sechs Wochen sind Sie stolz auf sich. Nach drei Monaten sind Ihr Selbstbewusstsein und Ihre Selbstdisziplin spürbar gewachsen.

Denken Sie andererseits langfristig. Das hilft Ihnen, Konsequenz in Ihrem Handeln zu entwickeln. Beim Thema Gesundheit leuchtet das am besten ein. Orientieren Sie sich an Ihren Werten und Zielen. Das gibt Ihnen Kraft, auch in den Niederungen des Alltags durchzuhalten. Nutzen Sie die Vorteile einer schriftlichen Planung, um Selbstdisziplin zu entwickeln.

In welchen Lebensbereichen haben Sie Selbstdisziplin am meisten nötig? Wann machen Sie den ersten Schritt?

Denkanstoß 3: Selbstdisziplin

▶ Schieben Sie das Angenehme auf!

2.8. Zusammenfassung

1. Führen Sie in festen Rhythmen Selbstkontrollen durch!
2. Werden Sie pünktlich!
3. Machen Sie eins nach dem anderen!
4. Räumen Sie abends den Schreibtisch leer!
5. Nehmen Sie jedes Blatt/E-Mail nur einmal in die Hand!
6. Begraben Sie würdevoll Ihre Leichen im Keller!
7. Schieben Sie das Angenehme auf!

Literaturempfehlungen

Bill Hybels: Entfalte deinen Charakter. Asslar: Schulte und Gerth 1997.

Werner Tiki Küstenmacher und Lothar J. Seiwert: simplify your life. Einfacher und glücklicher leben. 6. Aufl. Frankfurt am Main: Campus 2002.

Einladung zum Umsetzen: Was möchten Sie ändern?

Aktivitäten	Termin	✓

Teil II Kapitel 3.

Souveränität nach außen: Sich frei machen

3.1. Führen Sie Störungen zurück

Nichts gibt Ihnen so stark das Gefühl, fremdbestimmt und gehetzt zu sein, wie ständige Unterbrechungen. Untersuchungen zeigen, dass Führungskräfte durchschnittlich alle acht Minuten einmal gestört werden (vgl. Mackenzie 1990, S. 127). Das ergibt bei einem Acht-Stunden-Tag bereits sechzig Unterbrechungen. Kein Wunder, dass Sie sich am Abend fragen: „Was habe ich heute eigentlich erledigt?“

Störungen rauben Ihre Kraft

Das Problem bei Störungen ist zunächst, dass Ihnen die Zeit „gestohlen“ wird, dass Sie sich mit Dingen beschäftigen, die Sie nicht geplant und vielleicht auch nicht gewollt haben. Darüber hinaus leidet vor allem die Konzentration in Bezug auf die eigentliche Aufgabe, mit der Sie sich beschäftigen. Unter Umständen sind Sie sogar gezwungen, diese ganz zu verlassen.

Wer sich leicht ablenken lässt, unterliegt dieser Gefahr besonders stark. In jedem Fall aber müssen Sie sich nach einer Ablenkung, sei sie noch so kurz, wieder in Ihr eigentliches Problem hineindenken. Das kostet Energie, Konzentration und Zeit. Hierin liegt die eigentliche Zeitverschwendung.

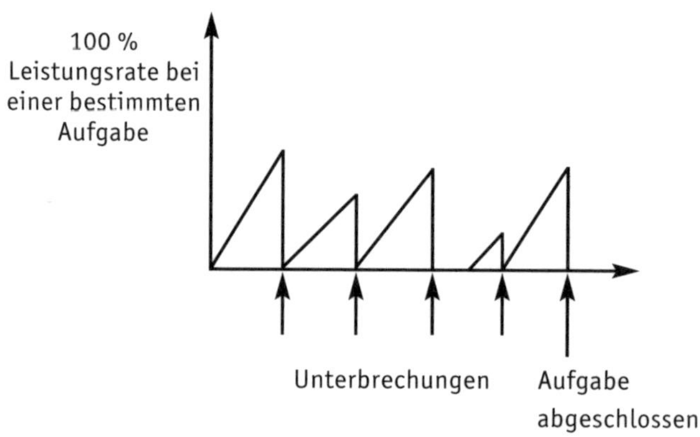

Störungen lassen sich vermeiden

Wer antizyklisch arbeitet, also sehr früh oder sehr spät, weiß, wie wertvoll die Zeit am Morgen oder Abend ist, in der man sich völlig ungestört einer Sache widmen kann. In einer Stunde erledigt man oft mehr als in vier, in denen man ständig gestört wird. Es lohnt sich daher, über das Reduzieren von Störungen nachzudenken und konkrete Ideen auch konsequent umzusetzen.

Analysieren Sie Ihre Störungen

Wenn Sie den Eindruck haben, die Störungen nehmen überhand, analysieren Sie ein oder zwei Tage systematisch Ihre Störungen. Es ist nicht nötig, mit der Stoppuhr die Länge der Unterbrechungen genau zu messen – auch wenn das immer wieder empfohlen wird. Eine einfache Strichliste wird Ihnen genügen, um Verursacher, Art und Anzahl der typischen Unterbrechungen festzuhalten.

Die SAULUS-Methode

Immer wiederkehrende Störungen lassen sich sehr erfolgreich mit der SAULUS-Methode untersuchen und bekämpfen: Situation, Auswirkung, Ursache, Lösung, Umsetzung, Sicherstellung.

Analysieren Sie Ihren größten Störfaktor nach der SAULUS-Methode!

Situation (konkret)	
Auswirkung (auf Ihr Verhalten)	
Ursache (Wurzel des Problems)	
Lösung (bei Ursache ansetzen)	
Umsetzung (erste Schritte)	
Sicherstellung (dauerhafte Kontrolle)	

Denkanstoß 1: Analyse von Störungen

Lösungen liegen oft im Reduzieren oder Verkürzen der Störungen. Sie völlig zu eliminieren, ist häufig nicht möglich und auch nicht zwingend erforderlich. Bilden Sie bewusst Blöcke, um Störungen zu reduzieren. Planen Sie beispielsweise regelmäßig Zeiten für Ihre Mitarbeiter ein, um alle offenen Punkte auf einmal zu klären.

▶ **Analysieren Sie regelmäßig Ihre Störquellen!**

3.2. Machen Sie einen Verteidigungsplan

Angriff ist die beste Verteidigung, lautet eine alte militärische Weisheit. Sie meint, man sollte einem erwarteten Angriff besser zuvorkommen. Diese Strategie lässt sich gut auf den Umgang mit Störungen übertragen. Wie können Sie den erwarteten, aber nicht konkret bekannten Störungen entgegentreten? Wie können Sie verhindern, dass sich Störungen negativ auf Ihr Arbeitsverhalten auswirken?

1. Rechnen Sie mit Störungen von allen Seiten

Wehren Sie sich

Unterbrechungen aller Art gehören zu Ihren Job. Lassen Sie sich also nicht davon überraschen. Stellen Sie sich darauf ein und legen Sie sich eine innere Abwehrhaltung zu. Das wird Ihnen leichter fallen, wenn Sie einen klaren Tagesplan mit entsprechenden Prioritäten gemacht haben. Sie realisieren dann klarer, dass Sie von Ihrer eigentlichen Arbeit abgehalten werden. Wenn Sie „helfen", bleibt das Geplante liegen oder wird verschoben. Ist die Hilfe das wert? Setzen Sie besser die Regeln des Neinsagens täglich in die Praxis um (vgl. I 4.6.).

2. Identifizieren Sie echte Störungen sofort

Nicht alles ist eine echte Störung

Viele Anrufe und Gespräche gehören zu Ihrer Aufgabe. Nicht alles, was stört, ist auch eine echte Störung. Wenn Sie im Kundenservice sitzen, ist der Anruf eines Kunden, der Hilfe bei einem Problem benötigt, keine Störung. Es handelt sich um Ihre Hauptaufgabe, die Sie erfüllen müssen. Aber wenn Sie ein Kollege nach einem Protokoll fragt, ist das eine echte Störung. Es gehört nicht zu Ihren Aufgaben, die Unordnung Ihres Kollegen aufzufangen.

3. Reagieren Sie nicht sofort auf Störungen

Gewinnen Sie Zeit

Wenn Sie schon nicht konsequent Nein sagen wollen oder können, versuchen Sie wenigstens, Zeit zu gewinnen: „Reicht das noch morgen?" „Hat das noch eine Stunde Zeit, damit ich meine begonnene Aufgabe erst fertig stellen kann?" „Bitte warten Sie fünf Minuten, bis ich meinen Gedanken aufgeschrieben habe!" Ihre Umgebung sollte ruhig spüren, dass sie im Moment stört. Viele Probleme erledigen sich dann von selbst. Wenn der Kollege das Protokoll gleich benötigt, wird er vielleicht doch seine eigenen Unterlagen erst einmal durcharbeiten – auch wenn das mehr Zeit benötigt, als Sie zu bitten, ihm die Unterlagen zu geben. Auf diese Weise erziehen Sie Ihr Umfeld und Sie vermeiden das zeitraubende Springen von einer Aufgabe zur anderen.

4. Planen Sie feste Zeiten für Rücksprachen ein

Routinen entlasten

Die meisten Störungen kommen aus dem unmittelbaren Umfeld, also den Mitarbeitern, Kollegen und Chefs, mit denen Sie ständig zusammenarbeiten. Legen Sie routinemäßige Zeiten für Rücksprachen fest, beispielsweise täglich oder wöchentlich, in einigen Fällen reicht es vielleicht sogar monatlich. Wenn der Mitarbeiter weiß, dass Sie übermorgen einen gemeinsamen Termin haben, wird das Problem meist bis dahin warten können. Sie erschlagen dann mehrere Fliegen mit einer Klappe, eine ganze Reihe von Problemen wird auf einmal durchgesprochen. Das spart erheblich Zeit, da Sie verschiedene Störungen zu einem Termin zusammenfassen können. Obendrein sind die Themen auch meist besser vorbereitet oder sogar selbstständig durch den Mitarbeiter entschieden.

5. Filtern Sie Ihre Störungen

Nutzen Sie Hilfe

Haben Sie eine Sekretärin, nutzen Sie sie als Filter für jede Störung. Sie muss entscheiden, ob der Anrufer oder Besucher so wichtig ist, dass die Unterbrechung Ihrer momentanen Tätigkeit gerechtfertigt ist oder nicht. Das kann in einem Team vorübergehend auch ein Kollege oder eine Kollegin übernehmen, unter Umständen auch die Telefonzentrale. Lassen Sie beispielsweise fragen: „Herr X ist gerade in einer Besprechung. Soll ich ihn stören?" Viele Anrufer sind sehr selbstkritisch und bekennen, dass der Grund ihres Anrufes nicht so wichtig ist, um eine Unterbrechung zu rechtfertigen.

6. Planen Sie Pufferzeiten ein

50 Prozent Puffer

Wenn Sie nach den Regeln dieses Buches Ihren Tagesplan gemacht haben (vgl. II 1.4.), enthält er 50 Prozent Pufferzeit. Diese können Sie für Störungen nutzen. Überziehen Sie möglichst nicht Ihre geplanten Pufferzeiten. So können Sie die gesamte Störzeit kontrollieren und begrenzen. Reichen die geplanten Pufferzeiten nicht aus, liegt es wahrscheinlich an Ihrer mangelnden Konsequenz und nicht an zu wenig Zeitreserven.

Mit welchen Mitarbeitern, Kollegen oder Chefs ist es sinnvoll, regelmäßige Rücksprachen einzurichten?

Denkanstoß 2: Rücksprachen

▶ **Planen Sie feste Zeiten für Rücksprachen ein!**

3.3. Schotten Sie sich regelmäßig ab

Müssen Sie ständig erreichbar sein?

Der Mythos von der „immer offenen Tür" und der „ständigen Erreichbarkeit" stürzt seit zwei Jahrzehnten Mitarbeiter und Vorgesetzte immer häufiger ins planerische Chaos und bringt sie nervlich an den Zusammenbruch. Die Entwicklung auf dem Telekommunikationsmarkt, insbesondere die Zunahme der E-Mails und die Verbreitung der Handys, tut ihr Übriges. Es gibt bereits genügend Führungskräfte, die nur noch mit Handy auf die Toilette gehen.

Die ständige Erreichbarkeit führt zu einer Zunahme der inneren Anspannung, der teilweise völligen Unfähigkeit zum Abspannen und zu einer Preisgabe der Privatsphäre – ganz abgesehen von der Schwierigkeit, sich auf eine Sache wirklich zu konzentrieren. In der Führung sind daher zunehmend Burn outs und Motivationsmangel, aber auch hohe Ineffizienz zu beobachten.

Die Nachteile des Großraumbüros

Großraumbüros verstärken die Gefahren: Ständiger Lärm, die Verführungen, dem anderen zuzuhören und seine Aufgabe zu verlassen, das Befassen mit Nebensächlichkeiten bis zum privaten Schwatz sind typische Anzeichen dieser Situation. Jede Bewegung des anderen wird wahrgenommen, jedes Gespräch wird mitgehört, jede Information wird gespeichert und überlastet die Konzentrationsfähigkeit vieler Menschen. Die vermeintlichen Vorteile der besseren Kommunikation, der flexiblen Raumnutzung und der Kostenersparnis werden teuer erkauft, vor allem, wenn bei den Trennwänden gespart wird. Übrigens ist mir kein Direktor bekannt, der solche Maßnahmen anordnet und selbst in einem Großraumbüro sitzt.

Wenn Sie den Dauerstress nicht wenigstens für einige Zeit am Tag eingrenzen, wird Ihre Gesundheit Schaden nehmen. Lernen Sie sich abzuschotten. Was können Sie tun?

1. Schalten Sie das Telefon ab und zu ab

Nutzen Sie den Anrufbeantworter

Das Telefon ist eine prima Erfindung. Aber wenn es alle zwei Minuten klingelt, müssen Sie handeln. Schalten Sie bei Sitzungen jeder Art ab. Schalten Sie auch bei wichtigen oder komplexen Aufgaben ab. Nicht immer – aber eine Stunde am Tag ist meistens möglich. Stellen Sie auf einen Kollegen oder eine Kollegin um, eventuell auch auf die Zentrale (vgl. II 3.1.). Oder stellen Sie den Anrufbeantworter ein, aber bitte mit einer klaren Information für den Anrufer: „Bin bis elf Uhr in einer Sitzung und dann wieder für Sie da!"

2. „Bitte nicht stören!"

Eine Ampel kann helfen

Wenn Sie in Ruhe etwas durcharbeiten wollen, scheuen Sie sich nicht, ein entsprechendes Hinweisschild an Ihre Tür oder auf Ihren Schreibtisch zu stellen. In Großraumbüros ist das besonders notwendig. Hier hat eine kleine „Ampel" auf dem Tisch schon gute Dienste erwiesen. Grün: Man darf Sie stören. Gelb: Nur in wichtigen oder dringenden Angelegenheiten stören. Rot: Bitte nicht stören! Natürlich sollten Sie die Ampel nicht den ganzen Tag auf Rot stellen. Aber auch hier gilt: Bis zu einer Stunde ist das immer zu vertreten, in Einzelfällen auch einmal länger.

3. Gehen Sie in ein Besprechungszimmer

Schaffen Sie eine „Denk-Zone"

Manchmal ist es sinnvoll, einfach den Raum zu wechseln. Buchen Sie einen Besprechungsraum – auch wenn Sie nur alleine sein wollen. In vielen Großraumbüros gibt es „Denk-Zonen", also Ruhezonen wie in einer Bibliothek, in der nicht gesprochen werden darf. Organisieren Sie solche Ruhezonen. Die Kollegen werden es Ihnen danken.

4. Schaffen Sie regelmäßige Ruhezeiten

Klare Regeln wirken Wunder

In Abteilungen oder kleinen Betrieben ist es möglich, bestimmte interne Ruhezeiten zu organisieren. Als der Personalchef eines großen Elektronikkonzerns seinen Posten in der chinesischen Niederlassung übernahm, fand er die Situation der „immer offenen Türen" vor. Nach zwei Wochen hatte er die ständigen Störungen seiner Mitarbeiter satt und gab folgende Anordnung: Alle Routineangelegenheiten durften ihm nur noch am Nachmittag vorgetragen werden. Er hatte dadurch den Vormittag für seine Aufgaben und externe Anfragen zur Verfügung. Die Chinesen adaptierten dieses Verhalten des Chefs sofort für ihre Bereiche. Innerhalb weniger Tage war das zum Gesetz des ganzen Personalbereiches geworden. Die Effizienz der Abteilungen stieg deutlich an.

In welchem Raum können Sie ungestört arbeiten?

Denkanstoß 3: Ihre Ruhezone

▶ **Nur eine zweitklassige Führungskraft muss immer erreichbar sein!**

3.4. Begrenzen Sie Kommunikation wirkungsvoll

Es scheint eine menschliche Eigenart zu sein, dass, wenn immer zwei oder mehr Personen beieinander sind, sie die Kontrolle über ihre Zeit verlieren. Vielleicht ist es das Grundbedürfnis nach sozialer Nähe oder aber der unbewusste Kampf um die Hackordnung innerhalb der Gruppe, der das „Gruppenerlebnis“ so wichtig und zeitraubend werden lässt. Als Ergebnis steht jedenfalls fest: Nirgends wird so viel Zeit verschwendet wie bei Besprechungen und Gesprächen aller Art.

Typische Probleme in Besprechungen

Es beginnt meist mit mangelnder Vorbereitung. Die Ziele sind nicht klar, die Tagesordnung ist nicht festgelegt oder der Grund für den kurzfristig angesetzten Termin ist nicht bekannt gegeben worden. Unter Umständen ist schon die Auswahl der Gesprächspartner nicht richtig getroffen. Im Gespräch bzw. der Besprechung legt jeder mehr Wert darauf, *seinen* Punkt, *seine* Meinung klar und deutlich und möglichst oft zu sagen, anstatt zuzuhören und den *anderen* zu verstehen. Schließlich ist die Nachbereitung oft unprofessionell: Das Protokoll wird zu spät oder gar nicht geschrieben, und die vereinbarten Maßnahmen werden nur sporadisch überwacht.

Folgende Regeln können Ihnen viel Zeit und Ärger ersparen:

1. Bereiten Sie sich gut vor

Erstellen Sie Stichpunkte

Gehen Sie nie unvorbereitet in eine Besprechung. Rufen Sie niemand an, ohne sich vorher zwei oder drei Stichworte gemacht zu haben. Legen Sie Anfang und Ende eines Gespräches fest, auch bei unangemeldeten Besuchern: „Eigentlich habe ich keine Zeit. Aber weil Sie es sind – zehn Minuten.“ Legen Sie immer das Ziel der Besprechung fest, nicht nur das Thema. Prüfen Sie kritisch, ob das Gespräch wirklich sein muss oder ob nicht auch einige E-Mails die Punkte klären könnten. Wenn Sie nicht selbst einladen bzw. leiten, verlangen Sie vom Leitenden vor Beginn der Besprechung die Klärung der obigen Punkte.

2. Gestalten Sie Besprechungen effektiver

Handeln Sie stets ergebnisorientiert

Führen Sie durch entsprechende Hinweise und Fragen immer wieder auf das Ziel bzw. den Grund der Besprechung zurück: „Womit kann ich Ihnen helfen?“ „Was ist der Grund für dieses Gespräch?“ „Was bedeutet das für unser Problem?“ „Wie können wir das in die Praxis umsetzen?“ Oder stellen Sie Abschlussfragen: „Was können wir jetzt tun?" „Wie ist also das Ergebnis?" Drängen Sie darauf, die Zeit einzuhalten. Bei mehr als vier Teilnehmern bewährt sich die Ernennung eines „Zeitkontrolleurs". Begrenzen Sie private Schwätzchen und ungeplante Gespräche.

3. Kümmern Sie sich bewusst um eine gute Nachbereitung

Protokoll maximal nach zwei Tagen

Fragen Sie am Ende einer Besprechung die Teilnehmer, was beschlossen wurde, werden Sie erstaunt sein, wie unterschiedlich die Antworten ausfallen. Fassen Sie daher das Ergebnis einer Besprechung und eines Gespräches mündlich und schriftlich zusammen. Das Protokoll sollte innerhalb von zwei Tagen verteilt sein. Nutzen Sie in jedem Fall die Vorteile der Schriftlichkeit (vgl. II 1.1.), um Klarheit und Verbindlichkeit zu erzielen. Kontrollieren Sie als Leiter einer Besprechung die Umsetzung der vereinbarten Aktivitäten. So wird die Effektivität von Besprechungen aller Art deutlich verbessert und die Teilnehmer werden es Ihnen danken.

4. Hören Sie genauer zu

Erst hören, dann reden

Kommunikation ist die Vermittlung von Verständnis. Technische Kommunikationsmittel können zur Verständigung beitragen, sind aber keine Garantie für gute Kommunikation. Redner und Hörer, Sender und Empfänger müssen aufeinander eingestimmt sein, damit Kommunikation funktioniert. Häufig scheitert es am rechten Hören. Es gilt der Grundsatz: Wahr ist, was ankommt. Das bedeutet: Sie müssen erst richtig hören, um zu verstehen. Dann erst können Sie kritisieren oder Ihre eigenen Vorschläge dem Gehörten entgegensetzen. Schlechtes Zuhören aber führt zu Fehlinformation und damit häufig zu Doppelarbeit und Ärger.

5. Verbessern Sie Ihre Kommunikationsfähigkeit

Lesen Sie zwischen den Zeilen

Schreiben Sie mit, das erhöht die Konzentration. Stellen Sie Rückfragen zur Klärung. Lassen Sie den anderen ausreden und vermeiden Sie voreilige Annahmen darüber, was der andere sagen möchte. Pflegen Sie keine Vorurteile – auch wenn Sie schon schlechte Erfahrungen mit dem Partner gemacht haben. Hören Sie auch die Gedanken und Gefühle hinter den gesprochenen Worten – hier stecken oft die wichtigeren Information.

Einladung zum Weiterdenken: Wie lautet das Ziel der nächsten Besprechung?

▶ **Hören Sie genau und ohne Vorurteile zu!**

3.5. Delegieren Sie proaktiv

Delegation erweitert Ihre Möglichkeiten

Delegation ist die Abgabe von Verantwortung, Entscheidung und Kompetenz, das heißt von Zuständigkeit und Macht. Deswegen fällt es vielen so schwer zu delegieren. Sie ist aber eine Grundvoraussetzung, um frei zu werden von Alltagsroutinen, Überlastungen und kurzfristigen Geschäften. Sie schafft Freiräume für neue Aufgaben und strategische Entscheidungen. Delegation erweitert das, was Sie selbst tun können, um das, was Sie durch andere erledigen lassen. Solange Sie nicht delegieren, stellen Sie sicher, dass Ihre Firma, Ihre Abteilung niemals mehr erreicht, als Sie selbst planen, denken und schaffen können. Sie werden zum „bottelneck", zum Engpass.

Vertikale und horizontale Delegation

Manche denken bei Delegation zunächst an eine hierarchische Situation, in der Chefs an ihre Mitarbeiter Aufgaben verteilen. Heute spricht man aber neben dieser *vertikalen* Delegation auch von *horizontaler* Delegation. Damit ist vor allem die Aufgabenverteilung in Team- und Projektarbeit gemeint, wo Hierarchien nicht notwendigerweise vorhanden sein müssen. Delegation betrifft also praktisch jede Führungskraft.

Wie sieht der Delegationsprozess aus?

1. Erkennen Sie Ihre Leistungsgrenze

Delegieren Sie rechtzeitig

Sie sollten nicht erst delegieren, wenn Sie kurz vor dem Zusammenbruch stehen. Die eigentliche Gefahr besteht bereits, wenn Sie Ihre Führungsaufgaben wie Personalentwicklung, Zielverfolgung und -entwicklung oder allgemein Ihre B-Aufgaben (vgl. I 4.3.) vernachlässigen.

2. Bestimmen Sie den Zweck der Delegation

Motivieren Sie durch Delegation

Delegation darf und soll Ihnen Zeit verschaffen. Sie können aber auch delegieren, um Mitarbeiter als Führungskräfte auszubilden, Anerkennung zu zeigen sowie die technischen oder organisatorischen Fähigkeiten der Mitarbeiter zu erweitern. Teilen Sie den Zweck der Delegation mit. Das schafft zusätzliche Motivation. Benutzen Sie Delegation nie als Beschäftigungstherapie.

3. Entscheiden Sie, was Sie delegieren

Klare Ziele und Aufgaben

Sinnvoll sind vor allem wiederkehrende Aufgaben. Hier lohnt sich eine intensive Einweisung. Auch Projektaufgaben mit einer begrenzten und klaren Zielsetzung sind geeignet.

4. Wählen Sie, wer die Aufgabe übernehmen soll

Die richtigen Leute mit der richtigen Aufgabe zusammenzubringen, ist eine erfolgsentscheidende Führungsaufgabe. Damit sie gelingt, müssen Sie neben dem Zweck der Delegation die Fähigkeiten und Erfahrungen des Mitarbeiters berücksichtigen. Zudem zählt seine Bereitschaft, neue Verantwortung zu übernehmen. Das verlangt Vertrauen in den Menschen. Sie müssen bei neuen Mitarbeitern oder neuen Aufgaben immer zuerst einen kleinen Vertrauensvorschuss geben, damit Vertrauen wachsen kann.

Geben Sie einen Vertrauensvorschuss

5. Weisen Sie die Mitarbeiter gut ein

Die Grundsätze einer klaren Kommunikation (vgl. II 3.4.) und der Schriftlichkeit (vgl. II 1.1.) werden Ihnen beim Einweisen helfen. Nehmen Sie sich ausreichend Zeit. Diese Investition amortisiert sich schnell und erspart Doppelarbeit und Frust.

Nehmen Sie sich genügend Zeit

6. Kontrollieren Sie den Fortschritt

Zu jeder Delegation gehört selbstverständlich die Kontrolle – durchaus auch als Frage der notwendigen Unterstützung verstanden. Sie sollten im gleichen Maße Qualität und Termine überwachen wie auch bei entsprechendem Fortschritt der Arbeit Lob und Anerkennung aussprechen. Akzeptieren Sie aber auch kleine Fehler und machen Sie Mut, die Aufgabe erfolgreich zu Ende zu führen.

Vergessen Sie das Loben nicht

Zur Delegation gehört eine deutliche Begrenzung der Kompetenz. „Kredite bis 300 000 Euro können Sie vergeben.“ Für Kredite, die darüber liegen, darf der Mitarbeiter entsprechende Vorschläge machen, für darunterliegende sollte sich die Führungskraft aber weit gehend zurückhalten. Die Grenze der Kompetenz gilt also im Prinzip in beiden Richtungen. Führungskräften fällt es oft schwer, delegierte Aufgaben wirklich loszulassen.

Lassen Sie wirklich los

Delegation ist proaktiv planbar. Über Möglichkeiten der Delegation sollten Sie regelmäßig nachdenken. Wenn Sie Ihren Wochenplan machen, überlegen Sie, welche Aufgaben Sie delegieren können (vgl. II 1.3.).

Einladung zum Weiterdenken: Welche Aufgaben der vergangenen Woche hätten Sie delegieren können? An wen? Warum?

▶ **Nutzen Sie souverän die Möglichkeiten der Delegation!**

3.6. Schaffen Sie sich eine angenehme Arbeitsumgebung

Investieren Sie in Ihren Arbeitsplatz

Ihre Arbeitsumgebung und äußere Erscheinung bestimmt die Souveränität nach außen mit. Sie verbringen mehr Zeit am Arbeitsplatz als zu Hause. In Ihrem Wohnzimmer wollen Sie sich wohl fühlen, gerne Freunde einladen und sich repräsentieren. Warum investieren Sie nicht genauso in Ihren Arbeitsplatz? Finden Sie sich nicht mit rein funktionalen Möbeln ab, die eine Atmosphäre wie in einer Bahnhofshalle erzeugen. Auch wenn in großen Firmen besonderer Wert auf Einheitlichkeit und Austauschbarkeit gelegt wird, gibt es doch fast immer Möglichkeiten der individuellen Verbesserung.

1. Optimieren Sie Beleuchtung und Temperatur

Wirkt Ihr Büro anregend?

Helligkeit wirkt sich immer auf die gesamte Stimmung aus. Nicht umsonst neigen die Menschen im Winter mehr zu Depressionen. Wenn Sie nicht die Möglichkeit haben, an einem Fenster zu sitzen, achten Sie auf eine sehr gute Beleuchtung. Das gilt zuerst am Schreibtisch und dann auch für den ganzen Raum. Lassen Sie zusätzliche Lampen anbringen oder tauschen Sie die schwachen Birnen gegen starke aus. Am Schreibtisch sollten Sie mindestens eine hohe, bewegliche Lampe haben, die Ihren gesamten Arbeitsplatz ausleuchtet. Die Raumtemperatur sollte nicht zu hoch sein. Besser ein oder zwei Grad kühler, als müde werden – ziehen Sie einen Pullover oder eine Jacke an. Halten Sie die Temperatur moderat.

2. Reduzieren Sie Lärm

Schaffen Sie klare Regeln

Einer der größten Stressfaktoren ist Lärm – auch wenn Sie meinen, Sie hätten sich daran gewöhnt. Da sind Klimaanlagen, Kleingeräte mit Lüftern, Straßenlärm oder die schon beschriebene Situation in Großraumbüros (vgl. II 3.3.). Es kann aber auch Lärm von den eigenen Produktionsstätten oder von Versuchsanlagen im Hause sein. Veränderungen der Lärmsituation sind meist mit relativ großen Investitionen verbunden. Lärmdämmende Fenster oder der Einbau von Zwischenwänden kosten Geld. Dennoch sollten Sie solche Themen mit der Geschäftsleitung beraten. Da es sich nicht nur um ein individuelles Problem handelt, sind mittelfristig Lösungen vorstellbar. In Großraumbüros müssen Sie mit Ihren Kollegen Spielregeln abstimmen. Jeder brüllt in das Telefon, weil es ja so laut ist. Also: Normale Lautstärke beim Reden, ob am Telefon oder bei Gesprächen, die Telefonklingel leise stellen sowie Besprechungen mit mehr als drei Personen grundsätzlich in das dafür vorgesehene

Besprechungszimmer verlegen. Beseitigen Sie Stör- und Lärmquellen aus Ihrer unmittelbaren Umgebung. Ein Abteilungs-Kopierer oder eine Kaffeemaschine können sich durchaus zur Hauptquelle des Lärms entwickeln. Übrigens: Ein Walkman mit Entspannungsmusik kann manchmal Wunder wirken.

3. Ergänzen Sie die Ausstattung von Raum und Arbeitsplatz

Ihr Arbeitsplatz soll Sie motivieren

Die Büromöbel sind Teil Ihres Arbeitprozesses, sie haben aber auch repräsentativen Charakter. Selbstständige und Unternehmer sind selber in der Lage, über Schreibtische und Sessel zu entscheiden. Angestellte Führungskräfte kommen schneller an Grenzen. Aber eine schöne Schreibtischunterlage aus Leder und entsprechende Utensilien können Sie sich immer selber beschaffen. Es darf ruhig Freude machen, an Ihrem Arbeitsplatz zu sitzen. Einige Grünpflanzen verbessern deutlich den Gesamteindruck und liefern durchaus einen Beitrag zur Arbeitsmotivation. Der Vollständigkeit halber sei hier noch einmal auf Sauberkeit und Ordnung hingewiesen (vgl. II 2.4.).

4. Überprüfen Sie die Wirkung Ihres Outfits

Passt Ihre Kleidung zu Ihrer Aufgabe?

Kleider machen Leute. Bei einem Coachinggespräch beklagte sich ein Abteilungsleiter über ständige Störungen – egal was er machte. Nach einer Stunde Gespräch äußerte sich der Mann verwundert, dass uns noch niemand unterbrochen hätte. Ich sagte, das liege an meiner „Erscheinung". Ich trug im Gegensatz zum Klienten ein weißes Hemd und eine Krawatte. Jeder identifizierte mich als „wichtige" Persönlichkeit. Obwohl Sie Äußerlichkeiten nicht überbetonen sollten, sind sie Teil Ihrer Gesamtwirkung und darüber hinaus auch ein Zeichen Ihres Selbstverständnisses als Führungskraft. Achten Sie daher auf angemessene Kleidung.

Wie können Sie Ihre souveräne Erscheinung verbessern?

Denkanstoß 4: Ihre äußere Erscheinung

▶ **Richten Sie Ihren Arbeitsplatz zum Wohlfühlen ein!**

3.7. Entwickeln Sie Gelassenheit

Von Heiligen lernen

„Wenn wir das Leben der Heiligen betrachten, fällt uns auf, dass sie viel Zeit für Muße hatten und gleichzeitig ungemein wirksam waren. Sie waren niemals in Eile; sie taten auch relativ wenig, und das, was sie taten, war nicht unbedingt herausragend oder wichtig; auch waren sie nicht sehr besorgt um ihren Einfluss; dennoch schienen sie genau das Richtige zu tun. Ihr Leben war ein einziges Vorbild. Die einfachsten Handlungen waren ausgezeichnet und hatten etwas Besonderes, wie von einem Künstler.“ (Bridget Hermann, nach Gordon McDonald: Getrieben oder Berufen, S. 143)

Wahrscheinlich wollen Sie nicht unbedingt ein Heiliger werden, dennoch ist es in Zeiten des Benchmarking interessant zu fragen: Wie haben diese Menschen eine so große Gelassenheit und doch eine so hohe Wirkung bis heute erzielt? Woher haben sie die Kraft genommen, so souverän über den Dingen zu stehen?

1. Lassen Sie los

Werden Sie frei

Gelassenheit ist etwas Großartiges, Bewundernswertes und deshalb von vielen Ersehntes. Gelassenheit ist Ausdruck von Lebensfreude und seelischer Gesundheit. Sie ist verbunden mit innerer Stärke und Unverletzbarkeit. Gelassenheit ist Gelöstheit von Spannungen – und Spannungen sind die Ursache von psychischen Problemen. Gelassenheit kommt von Loslassen. Lassen Sie Ihre Sorgen und Zukunftsängste los, die Sie lähmen. Lassen Sie falschen Ehrgeiz los, der Sie immer mit anderen vergleichen lässt. Lassen Sie falsche Einstellungen los, wenn Sie es allen recht machen wollen. Gelassenheit heißt auch, den anderen zu lassen, wie er ist. Denn Gelassenheit ist nicht nur Ausdruck innerer Ausgeglichenheit, sie ist vor allem Gelassenheit Mitmenschen gegenüber. Nehmen Sie Ihre Mitmenschen, wie sie sind.

2. Entwickeln Sie Resistenz gegen Ärger

Beugen Sie aktiv vor

Heilige scheinen resistent zu sein gegen Ärger. Jedenfalls hat man nie von ihnen gehört, sie wären explodiert oder aus ihrer Haut gefahren. Eine „Engelsgeduld“ haben sie entwickelt. Lösen auch Sie keinen Streit aus wegen unwichtiger Themen. Nicht um dem Streit aus dem Weg zu gehen, sondern um Ihres eigenen Gemütszustandes wegen. Im Umgang mit schwierigen Menschen ist ein Telefonat oft besser als ein Gespräch, eine E-Mail sachlicher als ein Telefonat. Manchen Themen sollten Sie einfach bewusst aus dem Weg gehen, wenn sie nur zu Schaukämpfen führen. Verletzen Sie andere auch nicht mutwillig und sprechen Sie nicht negativ über abwesende Dritte. So etwas kommt immer als Ärger zurück.

3. Sammeln Sie Kräfte durch Verzicht

Askese mobilisiert Kräfte

Unter Helmut Schön fuhr die deutsche Fußball-Nationalmannschaft vor wichtigen Spielen ins Trainingslager nach Malente, um auf alles zu verzichten, was die kämpferische Verfassung hätte mindern können. Verzicht bzw. Askese ist in diesem Sinne ein heilsamer Stress, der die körperlichen und seelischen Widerstandskräfte mobilisiert, der immun macht gegen Überreizungen und Überforderungen des Körpers und der Seele. Wer die Aktion der Evangelischen Kirche „Sieben Wochen ohne" in der Fastenzeit vor Ostern schon mitgemacht hat, weiß, welche psychischen und physischen Stärkungen aus diesem bewussten Verzicht entstehen. Ich trinke seit 25 Jahren in diesen sieben Wochen keinen Alkohol. Das tut meiner Leber gut, ich kann anschließend wieder mehr genießen, und mein Selbstbewusstsein wird gestärkt.

4. Suchen Sie Stille

Ziehen Sie sich zurück

Aus der Stille kommt die Kraft. Man weiß von Heiligen, dass sie sich immer wieder, zum Teil für längere Zeiträume, zurückgezogen haben, um Kräfte zu sammeln. In Kapitel I 1.6. ist schon auf die Bedeutung der Stille hingewiesen worden. Heute sind die Klöster wieder ausgebucht von gestressten Managern und Politikern, die auf diese Art wieder neue Kraft zu gewinnen suchen. Ich empfehle Benediktinerkloster – die brauen das beste Bier.

5. Leben Sie eine Haltung der Dankbarkeit

Sehen Sie nichts als selbstverständlich an

Noch ein Aspekt von Heiligen scheint mir hilfreich. Sie hatten eine Haltung der Dankbarkeit in allem. Auch für einfache Dinge haben sie ihrem Schöpfer gedankt und nichts als selbstverständlich hingenommen. Dankbarkeit ist vielleicht die Hauptquelle für Gelassenheit und Souveränität.

Ein unbekannter Heiliger hinterlässt Ihnen folgendes Gebet:

▶ **Gott gebe mir die Gelassenheit, Dinge hinzunehmen, die ich nicht ändern kann, den Mut, Dinge zu ändern, die ich ändern kann, und die Weisheit, das eine vom anderen zu unterscheiden!**

3.8. Zusammenfassung

1. Analysieren Sie regelmäßig Ihre Störquellen!
2. Planen Sie feste Zeiten für Rücksprachen ein!
3. Nur eine zweitklassige Führungskraft muss immer erreichbar sein!
4. Hören Sie genau und ohne Vorurteile zu!
5. Nutzen Sie souverän die Möglichkeiten der Delegation!
6. Richten Sie Ihren Arbeitsplatz zum Wohlfühlen ein!
7. Gott gebe mir die Gelassenheit, Dinge hinzunehmen, die ich nicht ändern kann, den Mut, Dinge zu ändern, die ich ändern kann, und die Weisheit, das eine vom anderen zu unterscheiden!

Literaturempfehlungen

Günter F. Gross: Beruflich Profi, privat Amateur? Berufliche Spitzenleistungen und persönliche Lebensqualität. Landsberg am Lech: Moderne Industrie 1999.

Peter Lauster: Wege zur Gelassenheit. Die Kunst, souverän zu werden. München: Econ Taschenbuch Verlag 2000.

Alec R. Mackenzie: Zeit für Erfolg. Heidelberg: Sauer-Verlag 1990.

Reinhold Ruthe: Loslassen. Wege zur Gelassenheit. Holzgerlingen: Hänssler 1999.

Einladung zum Umsetzen: Was möchten Sie ändern?

Aktivitäten	Termin	✓

Teil II Kapitel 4.

Vitalkraft souverän entfalten: Sich Leistungsstärke erhalten

4.1. Entwickeln Sie Ihr persönliches Gesundheitsbewusstsein

„Gesundheit ist nicht alles – aber ohne Gesundheit ist alles nichts", sagt der Volksmund. Wir sind uns der Problematik bewusst, aber solange wir persönlich nicht unmittelbar betroffen sind, ziehen wir keine Konsequenzen. Wenn es uns aber trifft, handeln wir nur halbherzig. Ein junger Mensch bemerkt das nicht so deutlich, denn der Körper ist ja bekanntlich bis vierzig „wartungsfrei". Für einen älteren Menschen aber wird das zunehmend zum bestimmenden Thema – und ist dann vielleicht schon zu spät.

Typische Managerbeschwerden

Die typischen Managersymptome sind neben dem allgemeinen Stress und der damit verbundenen Unfähigkeit zu entspannen vor allem unregelmäßige Ernährung, zu viel Sitzen, Verdauungsprobleme oder Magenleiden, Rückenbeschwerden aller Art und natürlich Herzkreislaufprobleme. Hinzu kommen – vor allem bei Frauen – Migräne und Nackenschmerzen. Erwarten Sie hier ausschließlich von den Ärzten, Apothekern und Lebensmittelchemikern Hilfe, sind Sie verraten und verkauft.

Sie selbst sind verantwortlich

Denn das ganze Gesundheitssystem in Deutschland versagt an dieser Stelle: Alle verdienen an Ihrer Krankheit, niemand an Ihrer Gesundheit. Die Ärzte im alten China bekamen nur Geld, wenn ihr Patient gesund war. Wenn er krank war, bekamen sie nichts. Nicht umsonst sind bei Fragen der Prophylaxe die alten Heilkünste aus China wieder sehr gefragt. Wer sollte also heute ein echtes Interesse haben, sich für Ihre Gesundheit stark zu machen – außer Sie selbst?

Vorsicht vor Manipulation

Wenn Sie einen Einblick bekommen wollen, wie der Patient bzw. der Kunde von der Pharma- und Lebensmittelindustrie manipuliert wird, lesen Sie das Buch „Prost Mahlzeit!", in dem vier Gesundheitsjournalisten systematisch die Machenschaften der großen Konzerne untersuchen und offen legen (Pollmer u. a. 2001). Die Situation verschärft sich, wenn Sie sich klar machen, dass Ihre Ärzte und Apotheker in erster Linie von der Pharmaindustrie informiert und damit ebenfalls manipuliert werden. An zwei Beispielen möchte ich das deutlich machen, dem Vitaminkonsum und dem Süßstoff.

Geschäft mit Vitamin C

Der angebliche Bedarf des Menschen an Vitamin C ist in den letzten Jahren auf über 100 Milligramm je Tag gestiegen. Sie bekommen kaum noch ein Getränk, in dem nicht Vitamin-C-Zusätze enthalten sind. Weltweit ist das ein 100-Milliardengeschäft. Der tatsächliche Bedarf liegt wahrscheinlich unter vier Milligramm je Tag. Die immer wieder angeführten Vitaminmangelkrankheiten konnten nie wirklich nachgewiesen werden (vgl. Pollmer u. a. 2001, S. 34ff.). Der berühmte Skorbutfall einiger Matrosen auf See ist wissenschaftlich höchst fragwürdig und aller heutigen Kenntnisse nach auf eine Infektionskrankheit zurückzuführen.

Hunger durch Zuckerersatzstoffe

Die Zuckerersatzstoffe werden heute sehr erfolgreich in der Schweinemast eingesetzt. Die Süße löst entsprechende Verdauungsmechanismen im Körper aus: Der Körper erwartet Zucker und erhält ihn nicht. Die Folge ist ein Hungergefühl: Man isst mehr. Für die Schweinemast ist das gut, aber es ist genau das Gegenteil von dem, was Sie sich von der Einnahme des Süßstoffes erhoffen.

Hören Sie auf Ihre Sinne

Vorbeugen ist besser als heilen. Was die Vorbeugung von Krankheiten betrifft, müssen Sie sich klar machen, dass „sich jeder selbst der beste Arzt ist". Sie müssen lernen, auf Ihre fünf oder besser auf Ihre sechs Sinne zu hören, um frühzeitig die Signale des Körpers wahrzunehmen. Hinzu kommt die psychosomatische Dimension von Krankheiten. Es gibt ernst zu nehmende Hinweise, dass praktisch jede Krankheit auch eine psychische Seite hat, und oft genug ist es besser, die Ursache der Krankheit zu behandeln als an den Symptomen herumzulaborieren. Es gibt nur wenige Ärzte, die diese ganzheitliche Betrachtungsweise beherzigen. Auch hier sind Sie persönlich gefordert. Das Konzept des Gleichgewichts (vgl. I 2.) liefert dabei erste Ansatzpunkte zu einem vorbeugenden Handeln.

Welche Symptome von Managerkrankheiten machen Sie bei sich aus?

Denkanstoß 1: Managerkrankheiten

► **Machen Sie Gesundheit zu Ihrem strategischen Thema!**

4.2. Bewegen Sie sich regelmäßig

Das Supermedikament...

Erwarten Sie von der Medizin Wunder? Hoffen Sie, dass es gegen all Ihre Beschwerden ein Mittel gibt? Professor Dr. med. Wildor Hollmann, Ehrenpräsident des Weltverbandes für Sportmedizin, sagt dazu: „Gäbe es nun ein Medikament, welches folgende Eigenschaften besäße:

- hochprozentige Senkung des Sauerstoffbedarfs des Herzens
- Steigerung der körperlichen Leistungsfähigkeit
- Verbesserung der Fließgeschwindigkeit des Blutes
- Verminderung der Thrombosegefahr
- Reduzierung der Arteriosklerose verursachenden Substanzen bei gleichzeitiger
- Steigerung der diesbezüglichen Abwehrkräfte und
- Begünstigung hormoneller Reaktionen

...ist das Ausdauertraining

wie würde ein solches Supermedikament weltweit tagaus, tagein gefeiert werden! Die regelmäßige Einnahme eines solchen Medikamentes würde zur Selbstverständlichkeit unseres Alltages zählen. Aber all das ist durch ein entsprechendes Ausdauertraining möglich, und es zeigt obendrein keine unphysiologischen Nebenwirkungen. Vornehmlich trifft das auf den langsamen Dauerlauf zu.“ (Kunhardt 1996)

Subjektive Unterforderung

Gert v. Kunhardt hat diese Erkenntnis über den langsamen Dauerlauf, das „Joggeln“, in sein Konzept der „subjektiven Unterforderung“ umgesetzt. Die Idee beruht auf der Erfahrung, dass der Mensch wegen seiner Eitelkeit und seines Wettbewerbsstrebens – und beides ist bei Führungskräften besonders ausgeprägt – immer an den Rand seines Leistungsvermögens geht und sich damit überfordert. Verstärkt wird das durch die Ausschüttung von Glückshormonen bei entsprechender Leistung, die den Schmerz nehmen und den Läufer regelrecht in einen Trancezustand bringen. Sie können sich daher nicht auf Ihr subjektives Gefühl beim rechten Maß des Ausdauertrainings verlassen. Um das gesundheitsfördernde Maß zu finden, müssen Sie sich subjektiv unterfordert fühlen – dann liegen Sie richtig. Wie gehen Sie praktisch vor?

Finden Sie Ihren Grenzwert

1. Lassen Sie bei Ihrem Arzt einen Laktattest machen. Er legt wissenschaftlich Ihren Grenzwert fest. Erfahrungsgemäß liegt er bei untrainierten Menschen um die vierzig Jahre bei einem Puls von 120 Schlägen pro Minute. Dieser Wert kann aber zu Beginn eines

Trainings auch bei nur 100 Schlägen pro Minute liegen. Wenn Sie den ermittelten Pulswert nicht überschreiten, bleibt der Laktatwert (Milchsäure) im Blut unter der kritischen Marke von vier Mol pro Liter. Sie werden dann völlig ohne Anstrengung laufen und können sicher sein, dass nebenbei auch Fett verbrannt wird, was bei Überschreiten dieses Wertes nicht mehr geschieht!

2. Kaufen Sie sich einen Pulsmesser. Der ist im Handel ab 20 Euro zu haben. Er hilft Ihnen anfangs, das richtige Maß zu finden.

Messen Sie Ihren Puls

3. Bewegen Sie sich regelmäßig mindestens drei Mal die Woche 20 bis 30 Minuten. Oder besser täglich – da müssen Sie nicht jeden Morgen mit sich kämpfen, ob Sie heute laufen sollen oder nicht.

3 mal 30 Minuten

4. Messen Sie Ihren Blutdruck täglich und notieren Sie die Werte in einer Liste. Der Blutdruck verbessert sich am schnellsten und verschafft Ihnen bald ein entsprechendes Erfolgserlebnis. Das motiviert zum Weitermachen. Innerhalb von nur drei Monaten täglichen schnellen Spazierengehens von 30 Minuten, können sich die Werte von 170 zu 100 auf 135 zu 85 verbessern. Der Ruhepuls kann von 80 auf 60 Schläge pro Minute zurückgehen. Und das, ohne irgendwelche zusätzlichen Medikamente einzunehmen.

Messen Sie Ihren Blutdruck

Beginnen Sie zu „joggeln"

Nach spätestens zwei bis drei Monaten können Sie vom schnellen Gehen zum langsamen Laufen, dem „Joggeln", wechseln. Nur sollten Sie weiter mit dem Pulsmesser kontrollieren, da Sie in der Gefahr sind, zu schnell zu werden. Der Grund liegt darin, dass Ihnen nach drei bis sechs Monaten das Laufen immer leichter fällt. Ganz ohne Anstrengung zu rennen macht Spaß. Sie werden regelrecht „süchtig" danach und stehen in der Gefahr zu übertreiben.

Meine Herzspezialistin, zu der ich einmal im Jahr zum durchchecken gehe, konnte die positive Veränderung des Herzkreislaufsystems durch leichtes Ausdauertraining bestätigen. Sie sagte allerdings, dass von über tausend Patienten nur einige wenige ihren Ratschlag beherzigten, sich mehr zu bewegen.

Einladung zum Weiterdenken: Wie können Sie Ihr langsames Ausdauertraining organisieren (Radeln, Schwimmen, Wandern, Tanzen ...)?

▶ Trainieren Sie nach dem Prinzip der „subjektiven Unterforderung"!

4.3. Erhalten Sie Ihr Wohlfühl-Gewicht durch richtige Ernährung

Das Elend mit den Diäten

Nichts scheint so ungerecht verteilt wie die Neigung zum Übergewicht. Die einen können essen, was sie wollen – und nehmen kein Gramm zu. Die anderen müssen nur das Essen anschauen – und haben schon zwei Kilo mehr auf der Waage. Wer zur zweiten Gruppe gehört, hat sicher schon etliche Diäten mit dem Zählen von Kalorien hinter sich und immer wieder feststellen müssen: Sobald man aufhört, hundertprozentig konsequent zu leben, nimmt man sofort wieder zu und hat am Ende sogar ein paar Kilo mehr als vor Beginn der Diät.

Eine zweifelhafte Theorie

Die meisten Diäten beruhen auf dem Kalorienzählen. „Die Theorie von den Kalorien, die die meisten Diäten beherrscht, ist vermutlich der größte „wissenschaftliche Schwindel" des 20. Jahrhunderts" (vgl. Montignac 1995). Zwei amerikanische Ärzte hatten 1930 eine kleine Studie über das Gleichgewicht zwischen Energiebedarf und -zufuhr veröffentlicht und waren zu der Überzeugung gelangt, dass Übergewicht eher auf zu kalorienreiche Nahrung als auf Stoffwechselstörungen zurückzuführen sei. Später hatten sie selbst Zweifel an dieser Theorie geäußert, da war die Theorie aber schon in die Lehrpläne der Universitäten eingegangen und hat sich bis heute da gehalten.

In der Praxis wird die Theorie des Kalorienzählens ständig widerlegt: Es gibt viele Menschen, die ihre Kalorienzufuhr reduzieren und mittelfristig dabei sogar noch zunehmen (vgl. „Das Martyrium des Übergewichtigen" nach Dr. Ruasse. In: Montignac 1995, S. 273). Das Phänomen ist wie folgt zu beschreiben:

Mehr Gewicht trotz weniger Kalorien

Eine Person, die bisher einen Tagesbedarf von 2500 Kilokalorien bei entsprechender Ernährung hat, reduziert nun plötzlich die Zufuhr auf 2000 Kilokalorien je Tag. Der Körper wird im ersten Moment tatsächlich Fettpolster verbrauchen und man wird einen Gewichtsverlust feststellen. Aber der Körper passt sich nach wenigen Wochen der veränderten Situation an. Er wird nur noch 2000 Kilokalorien verbrauchen.

Nicht genug, der Überlebensinstinkt des Körpers wird sofort beginnen, Reserven anzulegen. Er wird den Verbrauch auf 1700 reduzieren und 300 als Fettreserven speichern! So wird paradoxerweise das Gegenteil erreicht: Während die Betroffenen weniger essen, nehmen sie allmählich wieder zu.

Warum hält sich die Illusion vom Kalorienzählen so hartnäckig? Zum einen nimmt man ja kurzfristig ab, aber immer nur vorübergehend. Zum anderen ist „kalorienarm“ mittlerweile ein wichtiges Werbeargument geworden. Die Wirtschaft hat kein Interesse daran, die Falschheit dieser Theorie ans Tageslicht zu bringen.

Wie Fettreserven gebildet werden

Nach der wissenschaftlich gut abgesicherten Theorie von Montignac hängt das Bilden von Fettreserven mit dem Ausschütten von Insulin zusammen. Es wirkt auf den im Blut enthaltenen Zucker (die Glukose) in der Weise, dass es ihn in die Zellen eindringen lässt. Die Glukose kann unmittelbar dem Energiebedarf dienen oder sie wird als Fettreserve eingespeichert. Isst man Kohlenhydrate (Glukose) zusammen mit Fett (Fettsäure) und schüttet die Bauchspeicheldrüse eine leichte Überdosis Insulin aus, wird auch die Fettsäure (die normalerweise verstoffwechselt worden wäre) als Reserve eingelagert. Essen Sie hingegen nur Fett und Eiweiß, wird kein Insulin ausgeschüttet und praktisch kein Fettdepot gebildet. Das heißt etwas verkürzt zusammengefasst: Je mehr Insulin ausgeschüttet wird, desto mehr Fettpolster entstehen – egal was und wieviel Sie essen.

„Gute“ und „schlechte“ Kohlenhydrate

Abhängig davon, wie stark sie die Insulinausschüttung bewirken, gibt es „gute“ und „schlechte“ Kohlenhydrate. So führt Weißbrot zur doppelten Insulinausschüttung wie dieselbe Menge Vollkornbrot. Sie können leicht nachvollziehen: Wenn Sie nur „gute“ Kohlenhydrate essen, schüttet Ihre Bauchspeicheldrüse wenig Insulin aus und Sie werden Ihre Gewichtsprobleme in den Griff bekommen. Essen Sie keine Kohlenhydrate (vor allem keine „schlechten“) zusammen mit Fett – und schon sind Sie bei der Trennkost von Montignac:

Die sechs Essensregeln nach Montignac

- Essen Sie regelmäßig fünf Mal am Tag.
- Meiden Sie weißen Zucker in allen Kombinationen – er ist „Gift“.
- Essen Sie nur „gute“ Kohlenhydrate (Vollkornbrot, Vollreis, keine Instantprodukte. Die vollständige Liste bei Montignac, S. 236).
- Trennen Sie: Entweder Kohlenhydrate oder Fett/Eiweiß bei einer Mahlzeit.
- Ein halber Liter Rotwein am Tag ist erlaubt. Montignac ist eben Franzose!
- Führen Sie nur Regeln ein, die Sie den Rest Ihres Lebens durchhalten.

▶ **Essen und genießen Sie bewusster!**

4.4. Machen Sie Feierabend

Viele Führungskräfte können nicht mehr abschalten. Sie befinden sich in einem Dauerstress. Die Probleme des Berufsalltages verfolgen sie bis in den späten Abend, ja bis ins Ehebett. Die ständige Anspannung macht nicht nur krank, sie mindert auch die Leistungsfähigkeit und die Freude bei der Arbeit. Was können Sie dagegen tun?

Das Tagwerk organisieren

Zunächst ist es wichtig, eine gute Arbeitsplanung für den Tag zu machen und die Arbeit zu begrenzen. Wie Sie Ihr Tagwerk organisieren, können Sie in Kapitel II 1.4. lesen. Planen Sie nur so viel ein, wie Sie auch wirklich schaffen. Und dann schalten Sie bewusst ab. Wenn Sie das nicht mehr können, zerstreuen Sie sich wenigstens.

Schalten Sie zu Hause ab

Machen Sie aber in keinem Fall die Probleme im Beruf zum allabendlichen Gesprächsthema. Sonst können Sie sich nicht erholen. Wenn Sie mit Ihrem Ehepartner über Ihre Karriere, schwierige Kollegen oder unmögliche Chefs sprechen wollen – und das ist ja durchaus sinnvoll –, machen Sie das einmal in der Woche oder alle 14 Tage. Das ist ausreichend und verhindert, dass sich Ihre schlechte Laune auf die Familie überträgt. Nehmen Sie auch nicht regelmäßig die schwierigen Fälle mit nach Hause, um diese in Ruhe durchzuarbeiten. Wenn Sie schon meinen, bestimmte Aufgaben zu Hause erledigen zu müssen, dann die angenehmen.

Entspannen Sie aktiv

Abschalten gelingt erstaunlich schlecht beim Nichtstun oder vor dem Fernseher. Abschalten gelingt besser, wenn Sie leichte Aktivitäten unternehmen. Dazu müssen Sie sich oftmals aufraffen und Ihre Trägheit nach einem anstrengendem Tag überwinden. Folgende Hinweise können Ihnen helfen:

1. Zeit für und mit dem Partner

Planen Sie Überraschungen

Bringen Sie einmal in der Woche einen Blumenstrauß mit nach Hause. Überraschen Sie Ihren Partner mit einem Abendessen beim Italiener. Oder gehen Sie ins Kino. Machen Sie einen ausgedehnten Einkaufsbummel. Das tut Ihnen und Ihrer Beziehung gut. Auch ein schöner Spaziergang bei Sonnenuntergang ist Balsam für die Seele und hat vielleicht noch eine romantische Fortsetzung.

2. Zeit für Familie und Haushalt

Bringen Sie sich ganz ein

Wenn Sie Kinder haben, spielen Sie mit ihnen. Mit den Kleinen auf dem Teppich herumzutollen, lässt Sie alle beruflichen Sorgen vergessen. Entlasten Sie Ihren Partner, der vielleicht den ganzen Tag auf die Kinder aufpassen musste und sich im Haushalt aufgerieben hat. Wenn Sie gerne kochen, bereiten Sie das Abendessen zu – eine sehr kreative, Anerkennung bringende Tätigkeit.

3. Sportliche Aktivitäten

Gemeinsam aktiv

Wie im vorherigen Kapitel schon angesprochen, ist jede körperliche Betätigung gut und hilft am besten beim Abschalten. „Sport ist im Verein am schönsten", heißt es nicht umsonst in einem Werbespruch des deutschen Sportbundes. Hier können gesellige und sportliche Elemente geschickt verknüpft werden. Im Winter ist ein Saunagang sehr zu empfehlen.

4. Veranstaltungen und Vorträge

Lassen Sie sich inspirieren

Theater- und Konzertbesuche, eine Jazzveranstaltung oder ein Museumsbesuch bringen Sie auf andere Gedanken. Ein spannendes Fußball-, Eishockey- oder Volleyballspiel live zu beobachten ist allemal besser, als vor dem Fernseher zu sitzen. Einem politischen oder wirtschaftlichen Vortrag zu lauschen, bringt Ihnen neue Ideen für die berufliche Qualifikation, ohne direkt an die aktuellen Sorgen des Betriebes denken zu müssen.

5. Hobbys

Suchen Sie den Ausgleich

Leisten Sie sich ein Hobby. Der eine sammelt Briefmarken, der andere baut Flugzeuge und ein dritter pflegt seinen Rasen. Was immer Sie tun – es sollte ein Gegenstück zu Ihrer Arbeit sein, eine Art Kontrastprogramm. Als EDV-Spezialist sollten Sie nicht abends im Internet surfen oder sich von Computerspielen faszinieren lassen. Wenn Sie den ganzen Tag „Kopfarbeit" machen, sollten Sie lieber mit den Händen etwas basteln oder sich bewegen.

6. Mit Freunden etwas unternehmen

Pflegen Sie Freundschaften

Haben Sie es auch schon erlebt: Wenn man sich aufrafft, Freunde einzuladen oder sie zu besuchen, fehlen einem einige Stunden Schlaf am nächsten Morgen, aber man ist trotzdem elanvoller und motivierter bei der Arbeit. Der Mensch besteht eben aus Körper, Geist und Seele – und was für die Seele gut ist, stärkt auch den Körper.

▶ **Gestalten Sie aktiv Ihren Feierabend!**

4.5. Lernen Sie wieder, miteinander zu spielen

Mehr Lebensqualität durch Spielen

Friedrich Schiller sagt: „Der Mensch spielt nur, wo er in voller Bedeutung des Wortes Mensch ist, und er ist nur da ganz Mensch, wo er spielt." Wenn Sie den Worten von Schiller glauben können, dann hat das Spiel große Bedeutung für Ihre Persönlichkeit. Gerade im Spiel könnte es gelingen, Ganzheitlichkeit, Freude und Begegnung zu erleben und das Miteinander in den Mittelpunkt zu stellen. In diesem Sinne könnten Sie mehr Lebensqualität erlangen, wenn Sie sich mehr zum „spielenden Menschen" entwickelten, das Spiel ernster und die Arbeit leichter nehmen könnten.

Nicht nur für Kinder und Alte

Als Kinder spielten wir alle. Mit zunehmendem Alter haben es jedoch die meisten verlernt. Das betrifft inzwischen sogar die Kinder selbst: Vor hundert Jahren wusste ein Kind noch dreihundert Spiele, die es praktisch ohne Hilfsmittel spielen konnte. Heute kennen Kinder kaum mehr Spiele – vor allem nicht solche, die ohne Computer funktionieren. Viele Erwachsene verstehen Spielen als Gegensatz von Arbeit und damit als etwas, das in die Kinder- oder vielleicht noch in die Rentenzeit gehört. Es gehört aber zum Leben wie das Atmen.

Spielen entspannt

Spielen ist eine aktive, freiwillige Handlung, meist ohne vorzeigbares Produkt. Die Aktivität selbst schafft Befriedigung. Die Spielwelt mit ihren Regeln und Annahmen schafft Phantasie und Kreativität und lässt Grenzüberschreitungen zu, wie sie in der realen Welt nicht möglich sind. Spielen macht Spaß und fördert die Geselligkeit. Es ist ein Wechsel zwischen Anspannung und Entspannung und damit ein wichtiger Beitrag zum Abspannen und Stressabbau.

Der Aufwand ist klein

Wie kann Spielen für Erwachsene interessanter gemacht werden? Wie lernen Sie wieder Spielen? Erinnern Sie sich an das, was Sie als Kind oder Jungendlicher gespielt haben! Tischtennis, Schach, Mühle, Dame, Skat oder Doppelkopf. Suchen Sie Mitspieler. Bei Brett- und Kartenspiel benötigen Sie nur einen oder zwei Mitspieler. Die sind leicht zu organisieren. Wenn Sie abends an der Hotelbar sitzen, fragen Sie mal nach, wer Lust hat, Schach oder Skat mitzuspielen. Sie werden erstaunt sein, wie schnell eine Skatrunde mit Wildfremden zustande kommt und wie lustig es zugehen kann.

Spielen macht nur Spaß, wenn Sie das Spiel ernst nehmen. Sie müssen sich Zeit nehmen für Ihre Mitspieler und für das Spiel. Daher legen Sie Spielzeiten fest. Man kann natürlich auch spontan spielen, aber das klappt meist nur in der Bar oder in der Familie. Mit Freunden muss man sich verabreden. Aber dann spielt man auch. Um ein guter Spielpartner zu sein, müssen Erwachsene lernen, sich auf etwas Neues einzulassen, sie müssen spontan, kreativ und phantasievoll sein, sie müssen lernen, ohne Macht auszukommen – und sie müssen auch verlieren können. Alles Eigenschaften, die so ganz nebenbei Ihren Charakter stärken.

1. Spiele mit der Familie

Miteinander Spaß haben

Hier ist auf die Auswahl großen Wert zu legen, da die Spiele auch von den Jüngeren beherrscht werden müssen. Die Spiele machen dann Spaß, wenn sich alle gleichwertig fühlen und wenn sie die Kooperation fördern. Das Miteinander sollte höher bewertet werden als das Gewinnen. Wenn jeder einen Beitrag zum Erfolg des Spieles liefert, wird das Selbstvertrauen der Kleinen gestärkt. Ein gutes Beispiel ist Federball. Das Spiel gelingt nur, wenn man dem anderen gut zuspielt und man gemeinsam den Ball möglichst lange im Spiel hält.

2. Spiele in der Freizeit

Neue Freunde gewinnen

In einer Zeit der Isolation und Kontaktarmut ist das Spiel ein guter Weg, um mit Menschen außerhalb der Arbeitswelt zusammenzukommen. Das Spielen ist eine riesige Chance, Zeit mit Freunden zu verbringen und auch neue Freunde zu gewinnen. Ehepaare können sich gegenseitig einladen und man spielt klassisch über Kreuz Rommé oder Canasta. Oder treten Sie einem Club bei für Skat, Schach oder Bridge. Übrigens: Eine hervorragende Auswahl an Spielen finden Sie in den Spielabteilungen unter dem Stichwort „Spiele des Jahres". Es handelt sich hier nicht nur um einen Marketinggag, sondern in der Regel um wirklich gute Gesellschaftsspiele.

3. Spielerisch den Erfolg meistern

Sportlicher im Beruf

Vom Spiel können Sie viel für die Arbeit lernen. Würde es nicht oft hilfreich sein, Sie könnten spielerischer den Anforderungen genügen und Niederlagen sportlich wegstecken? Sie könnten auch den Kollegen mal gewinnen lassen und er das nächste Mal Sie. Souveränität hat etwas Leichtes und Spielerisches – auch bei hoher Anforderung und Leistung. Im Spiel können Sie das ein Stück weit lernen.

Einladung zum Weiterdenken: Wann haben Sie das letzte Mal gespielt? Welches Spiel würden Sie gerne mal wieder spielen?

▶ **Entspannen Sie sich beim Spielen mit Freunden!**

4.6. Finden Sie innere Ruhe

Das Diakonische Werk hatte eine Zeit lang „Ausschlafseminare für Wirtinnen" angeboten: Einmal richtig ausschlafen, dem Dauerstress entrinnen, wieder durchatmen und innerlich zur Ruhe kommen. Führungskräften geht es häufig wie Wirtinnen: Morgens die Ersten, um alles vorzubereiten, den ganzen Tag beansprucht und abends die Letzten, um noch die „Gläser abzuspülen". Die äußere Unruhe erzeugt auf die Dauer auch eine innere Unruhe. Die innere Unruhe verstärkt die äußere – ein Teufelskreis.

Im Gleichgewicht leben

Innere Ruhe ist zunächst das Ergebnis einer ganzheitlichen Lebensführung: Das Gleichgewicht der Lebensrollen und die Berücksichtigung der Vitalkräfte (vgl. I 2.). Innere Ruhe entsteht, wenn Sie Ihr Leben leben, das heißt aktiv gestalten und selbst bestimmen und nicht nur durch andere bestimmen lassen; wenn der Erfolg im Beruf nicht auf Kosten der Gesundheit, der Familie, der Freunde und der Lebensfreude verwirklicht wird und wenn Anspannung und Entspannung, Stress und Erholung, Säen und Ernten im Gleichgewicht sind. Gleichgewicht führt zur Ausgeglichenheit – und Ausgeglichenheit ist nur ein anderes Wort für inneren Frieden und innere Ruhe.

Darüber hinaus ist es notwendig, dass Sie immer wieder auf Ihre innere Stimme hören, dass Sie sich besinnen, dass Sie einkehren und innehalten, dass Sie auf Ihre Seele achten und sie pflegen. Wie können Sie praktisch vorgehen?

1. Der Drei-Minuten-Urlaub

Machen Sie Pausen

Aus der Schule wissen Sie, dass nach spätestens eineinhalb Stunden eine Pause zu machen ist, sonst lässt die Konzentration und Lernfähigkeit nach. Holen Sie tief Luft, stehen Sie auf, gähnen und strecken Sie sich, machen Sie das Fenster auf und erfreuen Sie sich an der Schöpfung: Ist der Baum vor Ihrem Fenster nicht etwas Großartiges? In jedem Jahr verwandelt er viele Tonnen Auspuffgase in guten Sauerstoff. Kann die kleine Schwalbe nicht unglaublich elegant fliegen und fängt sie nicht tausende von Mücken und Ungeziefer? Oder hängt da nicht ein wunderschönes Bild von einem fernen Land oder einem erlebnisreichen Urlaub an der Wand? Verweilen Sie einige Minunten an diesem Bild und gehen Sie guten Gedanken nach. Der Erholungswert dieses „Kurzurlaubes" ist enorm – und Sie können getrost dem nächsten Problem entgegentreten.

2. Muskelentspannung

Progressive Muskelrelaxion

Schon in den 1920ern hat Dr. Jacobson die „progressive Muskelrelaxion“ als Entspannungstechnik entwickelt. Sie beruht auf der extrem entspannenden Wirkung bei systematisch abwechselnder An- und Entspannung aller Muskelgruppen des Körpers. Am einfachsten machen Sie folgende Übung: Pressen Sie Daumen und Zeigefinger zusammen und spannen gleichzeitig alle Muskeln des Köpers für sieben Sekunden lang an. Jetzt entspannen Sie sich wieder. Dann nehmen Sie Daumen und Mittelfinger und machen dasselbe – bis Sie alle Finger der linken und rechten Hand durchhaben.

3. Meditation

Innere Ruhe und Gelassenheit finden

Es gibt tausend verschiedene Meditationstechniken. Der eine meditiert über einen Bibeltext, der andere hört Entspannungsmusik. Meditation kommt von dem lateinischen Begriff meditatio und bedeutet nachdenken, studieren, Vorbereitung. Darin steckt die indogermanische Wurzel med-, die messen, abschreiten, abstecken bedeutet. Die Dominikaner haben daraus „die Dinge mit dem Herzen bewegen“ gemacht. Es geht darum, wieder zu lernen, die Dinge im Herzen zu bewegen, das heißt, sie nicht nur mit dem Kopf zu erfassen, sondern liebend in sich aufzunehmen, im Herzen reifen zu lassen, bis sie tiefer von innen her begriffen werden. Das schafft innere Ruhe und Gelassenheit, baut den Stress ab und gibt neue Kraft. Für viele ist Musik die einfachste und schnellste Art zu meditieren. Aber auch eine Bildbetrachtung oder ein Kunstwerk kann ihnen helfen. Aber bedenken Sie, der Gang durchs Museum bringt Ihnen keine innere Ruhe, es sei denn, Sie nutzen die wenigen Stühle und setzen sich wirklich eine halbe Stunde vor ein Meisterwerk. Die alten Meister saßen ja auch Wochen oder Monate davor, um es zu malen.

4. Orte der Ruhe

Lassen Sie die „Seele baumeln“

Es gibt Orte, die strahlen eine Ruhe aus, die sich auf die Menschen überträgt. Das können Berge und Seen sein, die ostfriesischen Inseln, aber auch Gebäude wie Leuchttürme oder Kirchen. Interessanterweise kann das auch ein schönes Straßencafé sein, in dem man sitzt und ganz passiv den Leuten nachschaut. Suchen Sie sich so einen Platz in Ihrer Nähe, an dem Sie träumen und sich regenerieren, an dem Sie Ihre „Seele baumeln“ lassen können.

Einladung zum Weiterdenken: Wie kommen Sie zur Ruhe?

▶ **Lassen Sie täglich Ihre „Seele baumeln“!**

4.7. Entdecken Sie den Sonntag

In den Zehn Geboten heißt es lapidar: „Du sollst den Feiertag heiligen." Aber auch das Grundgesetz (Artikel 140) und die meisten Landesverfassungen enthalten Schutzbestimmungen für den Sonntag: „Der Sonntag und staatlich anerkannte Feiertage bleiben als Tage der Arbeitsruhe und der seelischen Erhebung geschützt." Hat das für Menschen im dritten Jahrtausend noch irgendeinen Sinn? Sollen Führungskräfte dem Sonntag eine besondere Bedeutung zumessen?

Der Sonntag gibt Halt

Schweigen, Ruhe und Entschleunigung – das sind die Momente, die für das heutige Leben immer wichtiger werden. Die Dauerbelastung durch Arbeit und Freizeitstress lassen kein wirkliches Ausruhen mehr zu. Die Kultur des Sonntages kann dem entgegenwirken. Sie schafft einen stabilisierenden und Halt gebenden Lebensrhythmus: Reden und Schweigen, Arbeit und Muße, Handeln und Überlegen.

Der Sonntag ist die Auszeit

Der Sonntag als wöchentlich herausgehobener Tag unterbricht die „Normalzeit", er ist die große Auszeit. Er nimmt der Zeit ihre Kraft raubende Gleichförmigkeit. Der Sonntag ist die Zeit der Reflexion und der großen Fragen: „Was ist geschehen?" „Wohin geht mein Leben?" Es ist ein Tag, an dem Sie Abstand bekommen und einen freien Kopf gewinnen. Der eigentlich „unnütze" Tag wird paradoxerweise nützlich. Wer aus dem Alltag zeitweise herausgehoben wird, kann umso kraftvoller wieder einsteigen (vgl. Beuker).

Opfern Sie den Sonntag nicht dem wirtschaftlichen Erfolg. Gerade in einer sich immer schneller drehenden Welt brauchen Sie den Sonntag, um Ihre Batterien wieder aufzuladen, aber auch, um darüber nachzusinnen, was Sie trägt – und es in Dankbarkeit zu feiern.

Wie können Sie den Sonntag neu entdecken?

Von Samstag, 18 Uhr bis Montag, 7 Uhr

- Nach alter christlicher Sitte wird der Sonntag um 18 Uhr am *Sonnabend* eingeläutet. Machen Sie am Samstagabend um 18 Uhr Schluss. Wenn Sie können, halten Sie durch bis Montagmorgen um 7 Uhr. Sie haben gefühlsmäßig zwei Tage frei, da Sie schon den Samstagabend voll genießen können. Das schafft unglaubliche Erholung.

Zeit für Beziehungen

- Nehmen Sie am Sonntag die Schöpfung und die Menschen als Geschenk an. Widmen Sie die Zeit Ihrer Familie und den Freunden. Gehen Sie raus in die Natur und freuen Sie sich daran.

- Verstehen Sie den Sonntag als „Danksagung" und feiern Sie den Tag. Beginnen Sie das gemeinsame Frühstück mit einem kleinen Gebet. Wenn Sie nicht beten können, lesen Sie einen Vers aus einem Andachtsbuch oder kirchlichen Gesangbuch. Ein reich gedeckter Tisch ist in dieser Welt keine Selbstverständlichkeit. Gehen Sie mal wieder zum Gottesdienst. Zugegeben, die Predigten sind nicht immer umwerfend. Führungskräfte kommen darin selten vor. Aber so manches alte Lied ist tiefsinnig und erbauend. Da lohnt es sich, genau auf den Text zu achten. Und selber Singen hat etwas wohltuendes und befreiendes und ist ja auch ein Gemeinschaftserlebnis eigener Güte.

Feiern Sie den Sonntag

- Verschieben Sie unangenehme Dinge, Kritik oder Ähnliches auf den Montag. Die Woche ist lang genug. Vermiesen Sie sich und der Familie nicht den freien Tag.

Halten Sie den Sonntag frei

- Finden Sie Zeit für sich selber und zum Genießen: Ein schöner Spaziergang oder eine gute Zigarre nach dem Mittagessen. Lesen Sie ein schönes Buch oder gehen Sie zu einer Ausstellung. Gestehen Sie sich zu, dass Sie Zeit zur Erholung benötigen und mit gutem Gewissen und mit allen Sinnen genießen dürfen. Machen Sie nichts, was geschäftlich ist und wo es ums Geld geht. Halten Sie den Sonntag gezielt frei. So verhindern Sie, dass Sie ausbrennen.

Genießen Sie den ganzen Tag

Ich berate viele Menschen, die sehr hart arbeiten. Wenn Sie am siebten Tag ruhen, halten sie das erstaunlich gut aus.

Einladung zum Weiterdenken: Wie können Sie den Sonntag gestalten?

▶ **Feiern Sie den Sonntag!**

4.8. Zusammenfassung

1. Machen Sie Gesundheit zu Ihrem strategischen Thema!
2. Trainieren Sie nach dem Prinzip der „subjektiven Unterforderung“!
3. Essen und genießen Sie bewusster!
4. Gestalten Sie aktiv Ihren Feierabend!
5. Entspannen Sie sich beim Spielen mit Freunden!
6. Lassen Sie täglich Ihre „Seele baumeln“!
7. Feiern Sie den Sonntag!

Literaturempfehlungen

Pastor Dr. Beuker, Vortrag am 18. April 2002. http://home.t-online.de/home/beuker/vsonntag.htm

Michel Montignac: Die Montignac-Methode. …essen und dabei abnehmen. München: dtv 1995.

Udo Pollmer u.a.: Prost Mahlzeit. Krank durch gesunde Ernährung. Köln: Kiepenheuer & Witsch 2001.

Gert von Kunhardt: Keine Zeit und trotzdem fit. Neuer Schwung für Ihr Leben. Moers: Brendow 1999.

Einladung zum Umsetzen: Was möchten Sie ändern?

Aktivitäten	Termin	✓

Teil III: Grenzen der Souveränität – Wenn der Erfolg ausbleibt

Teil III Kapitel 1.

Souverän in Lebenskrisen: In Niederlagen eine Chance sehen

1.1. Achten Sie auf Krisen

„Alles nur für die Familie“?

Zu Beginn eines Seminars „Lebensmanagement“ stellte sich ein Teilnehmer vor. Er war ein erfolgreicher Mann, Ende 30, vielleicht 40. Er sanierte Unternehmen im Auftrag einer großen deutschen Bank. Immer, wenn ein Kreditnehmer in der Gefahr war, zahlungsunfähig zu werden, hat man ihn geschickt, um das Unternehmen zu sanieren. Auf diese Art wurde der Kredit der Bank sichergestellt. Er erzählte, dass er sich montagmorgens von seiner Familie verabschiedete und freitagabends wieder zurückkam. Er beschrieb, dass er wie ein Flugzeug seinen Flugzeugträger verließ, seinen Auftrag erfüllte und dann wieder zurückkehrte, um aufzutanken. Doch seit einigen Tagen war der Flugzeugträger weg. Seine Frau ließ sich von ihm scheiden, die Kinder wollten nichts mehr von ihm wissen. Dieser Mann war mit seiner Motivation völlig am Ende. Tragisch dabei war: Er glaubte bis zum Schluss, sich nur für die Familie abzurackern.

Arbeitslos – sinnlos?

Herr A war Abteilungsleiter in einem Unternehmen der Gesundheitsbranche. Ein Mann, der mit ungeheurem Einsatz die letzten acht Jahre seine Aufgaben wahrgenommen hat, sechzig bis achtzig Stunden in der Woche im Betrieb gewesen ist. Von seiner Persönlichkeitsstruktur war er ein sehr dominanter, zuweilen aggressiver Mensch und rief dadurch immer wieder Konflikte mit seinen Mitarbeitern hervor. Dieser Tage hat er seine Entlassung erhalten, weil er im Unternehmen nicht mehr tragbar schien. Er hatte sich abgerackert, ja abgeschunden für dieses Unternehmen. Nun weiß er nicht mehr, wie es weitergehen soll.

Konkurs – das Ende?

Ein Handwerker-Ehepaar hatte sich zehn Jahre lang eine Existenz aufgebaut: eine Zimmerei, die komplette Häuser baute. Obwohl beide jede Woche hundert Stunden arbeiteten, kam es zur Zahlungsunfähigkeit. Der Ehemann fuhr noch einmal in das gemeinsame Ferienhaus und schoss sich eine Kugel in den Kopf.

Wie geraten Sie in eine Krise und welche Phasen durchlaufen Sie? Wie kommen Sie aus einer Krise heraus oder besser: wie vermeiden Sie diese? Sind Sie wachsam genug, um Warnzeichen einer Krise frühzeitig wahrzunehmen? Die Zielsetzung dieses Kapitels ist es, Krisen zu analysieren und zu systematisieren sowie eine Quintessenz zu ziehen.

Kennzeichen einer Krise

Was sind die Kennzeichen einer Krise? Menschen in der Krise fühlen sich häufig ausgebrannt und müde, sie könnten sich immer hinlegen und schlafen. Der eigene Antrieb fehlt. Insbesondere die Kraft, etwas Neues anzupacken, ist völlig verloren gegangen. Der Motivationsmangel zieht sich quer durch alle Lebensbereiche. Ein unbestimmtes Gefühl der Angst, der Ziel- und Zukunftslosigkeit plagt einen.

Es geht nicht weiter

Eine Krise ist ein Zustand, in dem Sie keine Zukunft mehr sehen. Sie erkennen keine Richtung, in die es weitergehen kann. Sie wissen nicht einmal, wie der nächste Schritt für die kommenden Tage oder Wochen aussehen müsste. Es scheint keine Handlungsmöglichkeit mehr zu geben.

Ursachen einer Krise

Die Ursachen der Krisen liegen in unterschiedlichen Bereichen. Häufig sind dies der Beruf, die Beziehungen, auch beides in der Kombination, der fehlende Lebenssinn sowie Krankheit und Tod. Zu Krankheit und Tod könnten sicher noch differenziertere Überlegungen angestellt werden, aber Menschen, die entsprechende Erlebnisse hatten, schildern dennoch ähnliche Erfahrungen.

Innere Unordnung

Krisen sind zwar zuerst äußerlich sichtbar, letztlich spielen sie sich aber im Inneren, in der inneren Welt der Menschen ab. Etwas ist in Unordnung geraten, etwas ist in der Persönlichkeit zerbrochen. Das raubt den Menschen die Hoffnung. Und die eigentliche Schwierigkeit in dieser Situation besteht darin, wieder eine Vision von der Zukunft zu entwickeln – gerade dann, wenn man eigentlich keine mehr zu haben glaubt.

Sieben Phasen einer Krise

Sieben Phasen der Krise sind zu beobachten:

- Phase 1: Hineinschlittern
- Phase 2: Crash
- Phase 3: Wut
- Phase 4: Verzweiflung/Flucht
- Phase 5: Lethargie
- Phase 6: Licht am Ende des Tunnels
- Phase 7: Reifung

▶ **Beachten Sie die sieben Phasen einer Krise!**

1.2. Nehmen Sie die ersten Anzeichen einer Krise wahr

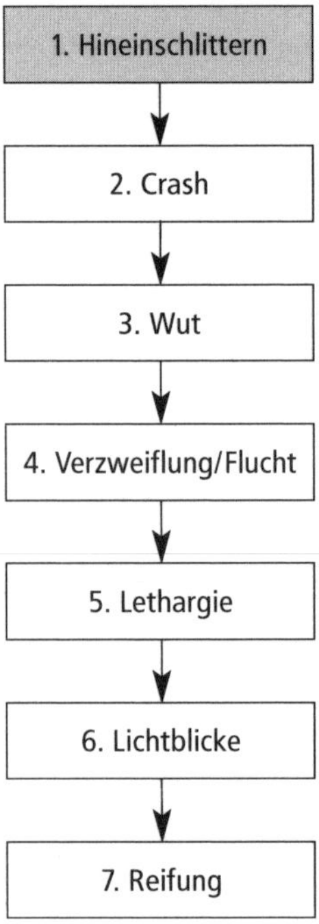

Phase 1 „Hineinschlittern"

Die Phase des „Hineinschlitterns“ ist oft eine Phase der Selbsttäuschung: „Irgendwie packst du das noch!“ „Irgendwie kriegst du das schon in den Griff!“ Sie überschätzen sich selbst. Diese Phase dauert manchmal mehrere Jahre. Wenn Sie rational, nüchtern, aus der Distanz beurteilen würden, hätten Sie deutlich früher sagen müssen: „Hör auf!“ Aber wenn Sie selbst betroffen sind, fehlt Ihnen die innere Kraft, solch eine Entscheidung zu treffen.

Diese Selbstüberschätzung, diese Gedanken: „Es muss doch irgendwann der Durchbruch kommen“ „Jetzt hast du so viel investiert, es kann doch nicht alles umsonst gewesen sein“ verhindern ein rechtzeitiges Ende, einen Neuanfang. Die alte Aktienregel, nach der Sie in diesem Fall handeln müssten, heißt: „Der erste Verlust ist immer der geringste.“ Wenn es bereits bergab geht, sollten Sie rechtzeitig abspringen.

Ein weiteres Kennzeichen dieser Phase ist, dass die negativen Anzeichen, die durchaus da sind, ignoriert werden. Bei Beratungen in Handwerksbetrieben und in vom Inhaber geführten Unternehmen muss oft festgestellt werden: Eigentlich gibt es nur Verluste. Der Unternehmer müsste vernünftigerweise aufhören – aber er macht es nicht. Selbst wenn er viele Monate auf die Auszahlung des eigenen Gehaltes verzichtet hat, weil alles in die Firma gesteckt werden musste, hört er nicht auf. Er will einfach nicht wahrhaben, dass keine wirtschaftliche Basis mehr vorhanden ist.

Die Familie leidet

Oft kommt etwas hinzu, das tragisch enden kann: Die Überbetonung des Berufes zu Lasten des Persönlichen, zu Lasten der Familie. Sie machen dann nicht nur sich beruflich kaputt, sondern häufig auch noch die Familie, weil Sie

- einfach keine Zeit mehr haben,
- mit den Gedanken woanders sind,
- die schlechte Laune mit nach Hause bringen,
- nicht mehr abschalten können.

Ein Handwerker-Ehepaar hat das unverblümt offen zugegeben: „Die beruflichen Probleme werden dann im Ehebett weiterdiskutiert.“

Phase 2 „Crash"

Die zweite Phase, der „Crash", geht meist sehr schnell über die Bühne. Manchmal sind es nur ein paar Sätze, der Gang zum Konkursgericht, die Kündigung. „Ich lasse mich von dir scheiden", oder in etwas abgeschwächter Form: „Ich ziehe mit den Kindern zu meiner Mutter."

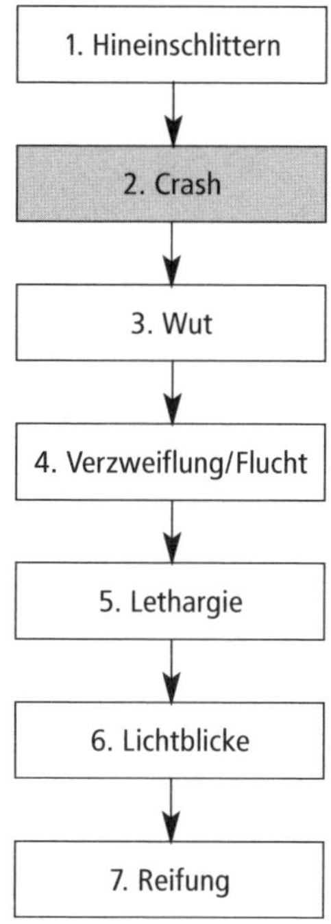

Es wird mit einem Schlag deutlich, was sich eigentlich seit Monaten abgezeichnet hatte: Der Erfolg ist auf Sand gebaut. Das Fundament trägt nicht mehr – selbst wenn die Fassade noch ganz gut aussieht.

Wo entdecken Sie Anzeichen einer Krise?	
Körper	
Geist	
Seele	
Beziehungen	

Denkanstoß 1:
Anzeichen einer Krise

Wo vernachlässigen Sie Ihre Familie?

Denkanstoß 2:
Familie vernachlässigt?

▶ **Überbetonen Sie auch in schwierigen Zeiten nicht den Beruf!**

1.3. Bleiben Sie nüchtern und stellen Sie sich den Problemen

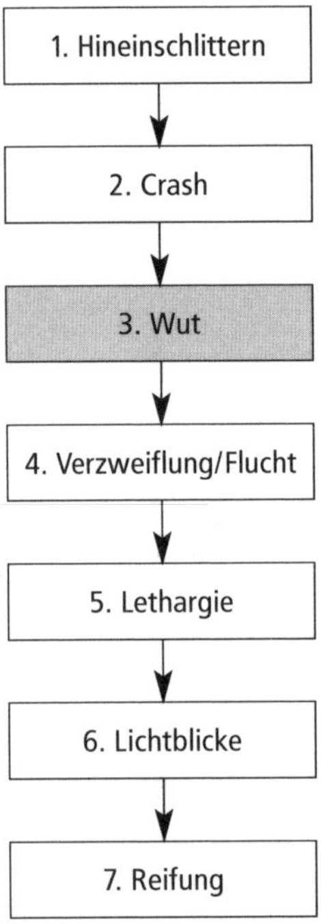

Phase 3 „Wut"

Die dritte Phase ist „Wut". Vielfach hat sich die Wut über einen längeren Zeitraum aufgestaut. Bereits bei geringfügigen Anlässen kann es dann zu Wutausbrüchen kommen. Der Betroffene schäumt, kocht, empfindet alles als ungerecht – es bäumt sich alles in ihm auf. Auch in den persönlichen Dingen fühlt er sich völlig ungerecht behandelt und muss Dampf ablassen.

„Ich habe mich doch nur für die Familie abgerackert" – dieser Satz hat damals die Lage deutlich gemacht. Es war der Anfang vom Ende: Der Seminarteilnehmer empfand es als absolut unfair und verstand die Welt nicht mehr, als Frau und Kinder ihn verlasssen wollten. Mit diesem Satz wollte er sich noch einmal gegen den Lauf der Dinge wehren – und hatte doch bereits verloren.

In dieser Phase verdienen die Anwälte gut, denn es kommt oft zur Klage. Vielleicht kennen Sie auch Fälle wie den, wo in einem Unternehmen der Sohn den Vater verklagt oder umgekehrt. Nach dem großen Crash möchte man seinen Standpunkt mit Gewalt durchsetzen und dem anderen wehtun. Am Schluss geschieht immer dasselbe: Das, um was man kämpft, wird endgültig kaputtgemacht. Das Unternehmen ist nichts mehr wert, die Beziehungen sind endgültig zerstört.

„Ich mache das doch nur für euch!"

Phase 4 „Verzweiflung/Flucht"

Nach der Wut folgt eine Phase der Verzweiflung und der Flucht. Menschen, die das durchmachen, schämen sich und möchten am liebsten niemandem mehr begegnen. Sie möchten nicht einmal mehr über die Straße gehen, weil sie denken, die Leute tuscheln über einen und jeder weiß, was für ein Versager man ist. Die Betroffenen möchten am liebsten fortrennen und irgendwo neu anfangen.

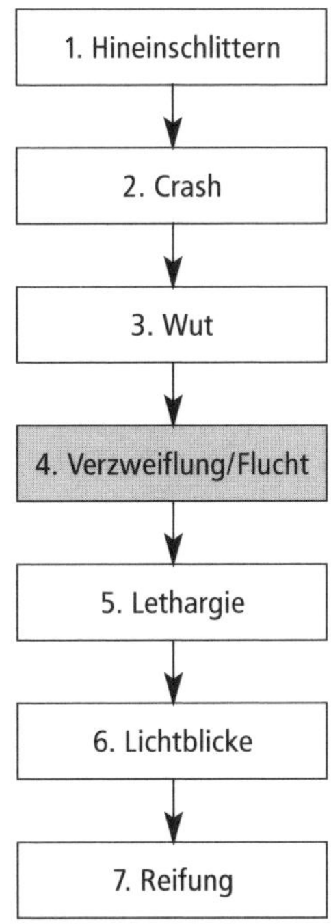

In einem Wirtschaftsblatt stand kürzlich unter der Überschrift „Managerkrise" die Geschichte von Jarald H. Maxwell:

Jarald H. Maxwell war ein erfolgreicher Jungunternehmer. Eine Zeit lang war er für ein Führungs- und Finanzgenie gehalten worden. Doch das war vorbei, als es bei ihm einer dieser sogartigen Einbrüche gab. Maxwell war entlassen worden. Alles fiel zusammen und er kam mit der Situation nicht zurecht.

Zum ersten Mal in seinem Leben war Mr. Maxwell ein Versager, und das ließ ihn zusammenbrechen. Das Gefühl der Niederlage führte zu einem emotionalen Zusammenbruch, zermürbte die Beziehungen zwischen Mr. Maxwell und seiner Frau und den vier Söhnen und trieb ihn an den Rand der Verzweiflung.

Am Ende wird er zitiert: „Als alles auseinanderbrach, ging es ihnen (der Familie) so schlecht, dass ich mich schämte. In der Bibel steht, du musst nur bitten, und du wirst empfangen. Ich bat oft um den Tod." (Zitiert nach MacDonald, S. 24f.)

Versagen – dieses Gefühl ist eine große Last, mit der gerade erfolgsverwöhnte Führungskräfte nur schwer fertig werden. Es gibt Leute, die dann sogar in eine andere Stadt ziehen, weil sie es in ihrer alten Heimat nicht mehr aushalten.

▶ **Lieber ein Ende mit Schrecken als ein Schrecken ohne Ende!**

1.4. Lösen Sie sich aus Ihrer Lethargie

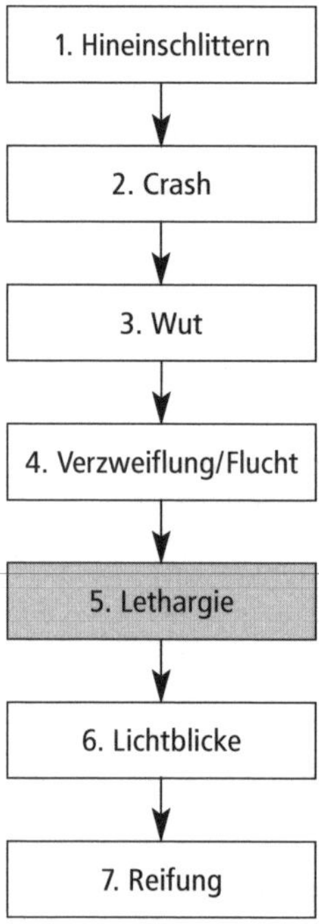

Phase 5 „Lethargie"

Es folgt die kritischste Phase, die Lethargie. Sie ist geprägt von Antriebslosigkeit, die sich Wochen oder sogar Monate hinziehen kann. Hier entscheidet sich letztlich, ob jemand aus der Krise herauskommt oder ob er daran verzweifelt. Selbst wenn man sich ein Stück weit mit der Situation abgefunden hat, bleibt das Gefühl des Versagens und dass alles umsonst war. Es fehlt einfach die Kraft, etwas Neues anzufangen.

Es ist eine Phase, aus der man in den meisten Fällen nicht mehr selbst herauskommt. Während die erste Phase durch Selbstüberschätzung gekennzeichnet ist, herrscht jetzt das Gegenteil vor: Man unterschätzt sich, traut sich nichts mehr zu. Hier sind Menschen auf Hilfe von außen, vielleicht sogar auf Unterstützung durch Fachkräfte angewiesen. Mit deren Hilfe können sie neue Kraft und Zuversicht entwickeln und so einen Weg aus der Krise finden. Wer jetzt alleine steht, ist wirklich allein. Menschen, die einen treuen Ehepartner haben oder aus der Religion Kraft ziehen, haben es leichter.

Ein Freund erzählte: „Für mich kann ich sagen, das war eine Phase, wo mir meine Ehefrau und mein Glauben unwahrscheinlich geholfen haben. Ich sage das so deutlich. Es war eigenartig, ich hatte von Anfang an das Gefühl – bei allen Schwierigkeiten und auch bei allen wirtschaftlichen Problemen –, dass Gott seine Hand über mich hält. Ich weiß heute noch nicht, wie ich das Jahr überlebt habe, ein Jahr ohne Einkommen mit fünf Kindern. Das war nicht leicht, aber irgendwie ging es.

Ich hatte von Anfang an die Gewissheit, dass die ganze Sache von Gott kommt und von ihm kontrolliert wird. Mir war innerlich klar, Gott will mir mit dieser schweren Zeit etwas zeigen, mich auf etwas hinweisen. Dieses Stück Hoffnung hat mich immer begleitet, auch wenn ich überhaupt keinen Ausweg mehr sah, nicht wusste, wie es weitergehen sollte."

Analysieren Sie Ihre Notlage

Nutzen Sie die Zeit der Lethargie für Ihre Analysen. Was haben Sie in der Vergangenheit falsch gemacht? Worin liegt Ihre Schuld an der Misere? So kann diese schwierige Phase für Sie „Not-wendig" und heilsam werden. Sehen Sie diese Zeit als Chance für Veränderungen!

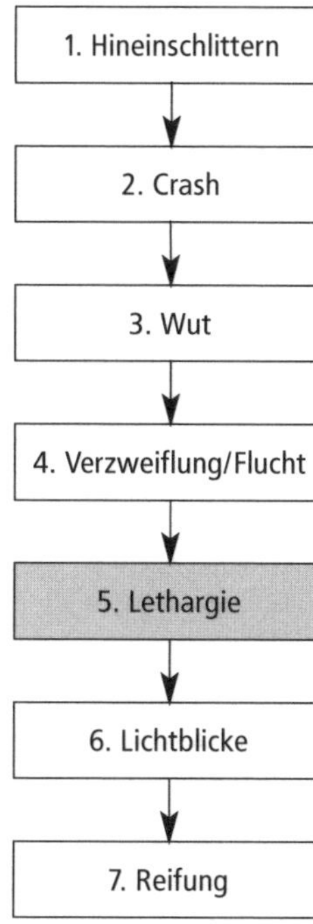

Hier ein ganz praktischer Tipp: Halten Sie Disziplin bei. In dieser Phase, wo einem alles sinnlos erscheinen kann, ist mancher in der Gefahr, sich äußerlich gehen zu lassen, seinen großen und kleinen Pflichten nicht mehr nachzukommen. Ein Freund, der vor zehn Jahren seine Frau verloren hatte, erzählte, dass die kleinen Regelmäßigkeiten, morgens aufstehen, frühstücken, zur Arbeit gehen, ihm anfangs Halt gegeben haben. Fangen Sie bloß nicht an, sich einen Bart wachsen zu lassen, wenn Sie vorher keinen hatten. Einfach auf Äußerlichkeiten achten, sich nicht zerlumpen lassen und eine gewisse Routine durchhalten – das hilft Ihnen über die schwere Zeit hinweg.

Wenn Sie die Möglichkeit haben, suchen Sie Hilfe von außen. Leisten Sie sich einen Coach, gehen Sie zu jemandem, der Erfahrungen auf diesem Gebiet hat, eventuell zu einem Seelsorger. Oder öffnen Sie sich Ihrem Ehepartner. Für viele ist er in dieser Phase wirklich wichtig: „Sie ist mir ein echter Freund in der Not gewesen, das kann ich gar nicht im Einzelnen beschreiben. Es gab Tage, in denen ich nur zur inneren Ruhe kam, wenn ich den Kopf in den Schoß meiner Frau gelegt habe. Sonst gab es nichts, was meine Angst und Zerrissenheit hätte beruhigen können."

Hören Sie auf, immer nach dem „Warum" zu fragen und damit sozusagen auf die Krise selber, auf das Unglück zu starren. Fangen Sie an, nach dem „Wozu" zu fragen. Welche Chance steckt vielleicht in dieser Situation? Was kann deutlich werden? Was muss zukünftig anders werden, um nicht wieder in so eine Schwierigkeit zu geraten? Fangen Sie an, die Blickrichtung zu ändern, ein Stück weit nach vorne zu schauen.

Wo bekommen Sie Kraft für das Bewältigen von Krisen her?

Denkanstoß 3: Kraft in Krisen

▶ **Befassen Sie sich mit dem Sinn Ihres Lebens!**

1.5. Entwickeln Sie wieder Selbstvertrauen

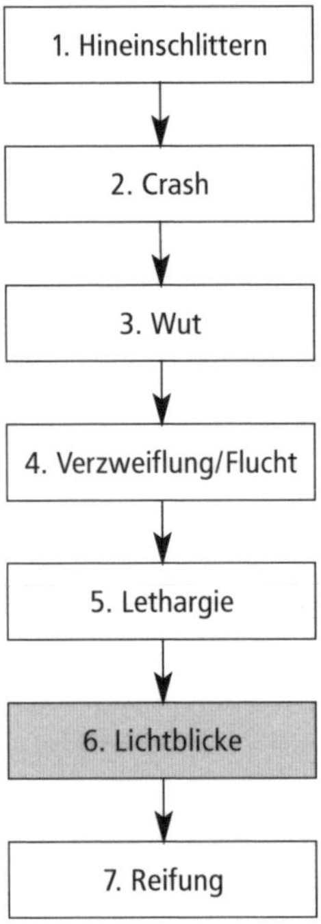

Phase 6 „Licht am Ende des Tunnels"

Diese Phase zeichnet sich dadurch aus, dass zum ersten Mal wieder so etwas wie ein Hoffnungsschimmer entsteht. „Licht am Ende des Tunnels" ist wieder zu erkennen. Sie erleben, dass sich doch noch Möglichkeiten auftun.

Vielleicht hat Sie das Nichtstun, die Zwangsruhepause wieder innere Kraft sammeln lassen. Sie probieren alles Mögliche und erleben, wie Türen aufgehen und andere auch wieder zu. Es ist eine Phase des Suchens. Schritt für Schritt geht es vorwärts, jeder kleine Erfolg gibt ein Stück Selbstvertrauen zurück und Sie bekommen Mut für den nächsten Schritt.

Besinnen Sie sich in dieser Phase auf Ihre Stärken. Auf welche Erfahrungen können Sie bauen? Auch wenn Ihre augenblickliche Existenz kaputtgegangen ist – Ihre Erfahrungen und Fähigkeiten kann Ihnen niemand nehmen. Kümmern Sie sich verstärkt um Ihre Beziehungen, wenn diese durch die Krise in Mitleidenschaft gezogen wurden.

Wo sind Ihre Stärken, auf die Sie immer bauen können?

Denkanstoß 4: Ihre unabhängigen Stärken

Was bleibt an Fähigkeiten und Fertigkeiten, wenn Ihr Unternehmen bzw. Ihre Stelle wegfällt?

Denkanstoß 5: Ihre unabhängigen Fähig- und Fertigkeiten

Phase 7 „Reifung"

Und schließlich die 7. Phase, die am Schluss hoffentlich kommt, die „Reifung". Hier können Sie allmählich der Krise etwas Positives abgewinnen.

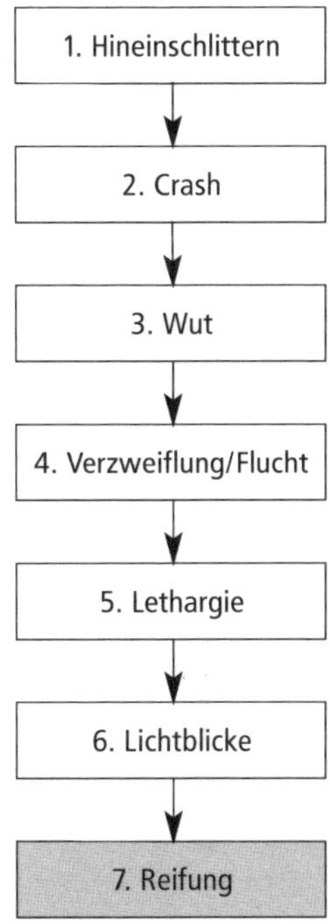

Sie blicken mit etwas Abstand auf die Krise zurück und erkennen, dass Sie in der Vergangenheit Fehler gemacht haben. Sie können jetzt auch offener und ehrlicher dazu stehen. Sie sehen, wo Sie sich selbst verändern müssen oder sich bereits verändert haben. Und es entsteht vorsichtig ein Gefühl der Dankbarkeit für das, was Sie durchgemacht haben.

Wer berufliche Krisen durchstehen musste, konnte viel an Lebenserfahrung und Charakterschulung mitnehmen. Das möchte man hinterher nicht mehr missen. Für Krisen, die aus Krankheiten entstanden sind, ist das sicher nicht so einfach zu sagen. Aber sogar Menschen, die das durchlebt haben, bestätigen es teilweise auch – allerdings erst mit sehr viel größerem Abstand.

Wo erlebten Sie Tiefen in Ihrem Leben?

Denkanstoß 6: Tiefen in Ihrem Leben

Welche Lebenserfahrungen haben Sie daraus gewonnen?

Denkanstoß 7: Erfahrungen aus Krisen

▶ **Behalten Sie auch in einer Krise Ihre Stärken im Blick. Wagen Sie neue, kleine Schritte!**

1.6. Lernen Sie aus Ihren Krisen

Profitieren Sie aus den persönlichen Erkenntnissen, die andere Menschen aus ihren Krisen gezogen haben. Folgende fünf Prinzipien haben sich als tragfähig erwiesen. Vielleicht können sie auch Ihnen helfen, künftig Krisen zu vermeiden und Lebensqualität ganz neu zu definieren.

▪ Prinzip 1: Setzen Sie Ihre Beziehung zu Gott und Ihrem Partner vor den Beruf bzw. die Karriere

Das richtige Verhältnis finden

Es ist interessant: Wenn Sie die erste Priorität im persönlichen und geistlichen Bereich setzen, dann stimmen plötzlich die zweite und dritte Priorität besser – jedenfalls langfristig. Das ist die übereinstimmende Erfahrung vieler Menschen, die Krisen durchlebt haben. Es verhindert, dass Sie insgesamt – das heißt für Ihr ganzes Leben – falsche Prioritäten setzen.

▪ Prinzip 2: Machen Sie konsequent die Wochenplanung

Wirklich Wichtiges im Blick behalten

Sie müssen mindestens einmal in der Woche an das denken, was Ihnen wirklich wichtig ist und dies auch einplanen. Sonst lassen Sie sich allein vom Tagesgeschäft jagen. Die meisten haben ein so umfangreiches Tagesgeschäft, dass sie davon völlig ausgelastet wären. Dadurch sind sie immer in der Gefahr, die langfristigen Dinge, die strategischen Aufgaben und Interessen zu schieben und schließlich gar nicht anzugehen. Die konsequente Wochenplanung hilft, das Wichtige im Leben zu tun. Erledigen Sie die Wochenplanung schriftlich, um Selbstkontrolle und Disziplin zu entwickeln (Lesen Sie dazu auch Kapitel II 1.3.).

▪ Prinzip 3: Lassen Sie nicht das Geld über Sie Macht gewinnen

Sich nicht ans Geld hängen

Der dritte Punkt hat mit den Finanzen zu tun. Es ist ganz eigenartig: Letztlich steht und fällt mit der Frage des Geldes alles. Da wird erkennbar, woran ein Mensch sein Herz hängt. Spenden Sie regelmäßig etwas von Ihrem Einkommen für einen guten, sozialen Zweck. Der alttestamentliche Zehnte weist schon darauf hin. Das hat einen hohen Nutzen für Sie. Wenn Sie freiwillig etwas hergeben, verhindert es, dass Sie Ihr Herz an das Geld hängen.

▪ Prinzip 4: Heiligen Sie den Sonntag

Einen Tag pro Woche Ruhe

Wie in Kapitel II 4.7. schon ausgeführt, können Sie sechs Tage in der Woche hart und lange arbeiten. Wenn Sie den Sonntag als Ruhetag „heiligen“, halten Sie das erstaunlich gut durch. Aber wehe, Sie „versündigen“ sich. Greifen Sie die alte christliche Sitte wieder auf: Der Sonntag beginnt um 18 Uhr am Sonnabend. Halten Sie den Sonntag konsequent frei möglichst bis Montag um sieben Uhr. Lassen Sie alles Geschäftliche ruhen und feiern Sie den Sonntag als Tag der Erholung für Körper, Geist und Seele. Pflegen Sie Ihre familiären und freundschaftlichen Beziehungen. Dies verhindert, dass Sie ausbrennen.

■ Prinzip 5: Halten Sie Ihre Erfahrungen präsent

Erkenntnisse notieren

Wenn Sie solche Zeiten durchgemacht und Erkenntnisse für sich gewonnen haben, halten Sie diese fest. „Meine allergrößte Angst ist, dass ich das, was mir in Krisenzeiten wichtig geworden ist, vergessen könnte. Man ist so schnell wieder in den alten, ausgetretenen Spuren und fällt in alte Routinen und Gewohnheiten zurück“, sagte ein Manager, der sich gerade von einer beruflichen Krise erholt hatte.

Halten Sie Ihre Erfahrungen fest und schreiben Sie auf, was Ihnen wichtig geworden ist. Lesen Sie das einmal in der Woche durch. Bei Ihrer Wochenplanung kann dies ein fester Bestandteil werden. Verdrängen Sie nicht, was Ihnen wichtig geworden ist. Schaffen Sie sich Erinnerungen, dann werden Sie die schweren Zeiten auch als etwas Positives sehen, als etwas, das Sinn macht, an dem Sie wachsen und reifen können.

Was haben Sie aus vergangenen Krisen gelernt?

Denkanstoß 8: Ihre Schlussfolgerungen

▶ **Halten Sie Ihre Erkenntnisse aus Krisen fest!**

1.7. Beugen Sie vermeidbaren Krisen vor

Einseitigkeit vermeiden

In der ersten Phase einer Krise können Sie noch am ehesten etwas verändern. Wie aber können Sie Krisen rechtzeitig erkennen und vermeiden? Wie realisieren Sie, dass Sie sich schon in der ersten Phase befinden? Krisen werden häufig dadurch verursacht, dass das Leben aus dem Gleichgewicht gerät. Dies ist beispielsweisweise dann der Fall, wenn Sie sich zu einseitig auf berufliche Dinge konzentrieren.

Krisen sind selten „ad-hoc-Ereignisse". In der Regel haben sie eine lange Vorgeschichte. Darum kontrollieren Sie frühzeitig Ihre kritischen Lebensbereiche und werden Sie hellwach, wenn Sie diese vernachlässigen.

Zu diesen kritischen Bereichen gehören die Vitalbereiche (vgl. I 2.)
- Körper (Gesundheit),
- Geist (Lernbereitschaft),
- Seele (Lebenssinn),
- Beziehungen (Familie und Freunde).

Aktiv gesund bleiben

Gesundheit

Es gibt vermeidbare körperliche Ursachen für gesundheitliche Krisen und extremen Stress. Zu diesen gehören: Zu wenig Bewegung, zu wenig Ausgleich, kein Stressabbau, ungesunde Lebensweise und zu wenig Schlaf.

Nicht stehen bleiben

Lernbereitschaft

Führungskräfte halten sich oftmals für unentbehrlich. Sie betreiben daher häufig keine systematische Weiterbildung. Der Laden läuft angeblich nicht ohne sie. Auch in der Firma haben sie kaum Zeit für neue Themen und für die Entwicklung neuer Fähigkeiten. Die Krise ist damit vorprogrammiert.

Auch uneigennützig leben

Lebenssinn

Denken Sie mehr über Ihr Leben nach. Finden Sie Antworten, warum und wozu Sie leben. Was ist der Sinn in Ihrem Leben? Engagieren Sie sich in einem Bereich, der gerade kein Geld bringt. Dafür gibt es die unterschiedlichsten Möglichkeiten. Es ist nicht gesund, wenn der ganze Lebenssinn nur aus dem beruflichen Bereich und dem Geldverdienen abgeleitet wird. Das trägt nicht.

Familie

Familienleben pflegen

Das Verhältnis zwischen Beruf und Familie müssen Sie immer wieder aktiv planen. Sie sind in beruflichen Dingen Profi – und in privaten Angelegenheiten immer in der Gefahr, Amateur zu werden. Konzentrieren Sie sich nicht zu einseitig auf die beruflichen Dinge. Das führt zu familiären Belastungen, die dann auch den beruflichen Bereich berühren.

Freunde

Freundschaften gestalten

Der Bereich, in dem Führungskräfte am meisten schludern, betrifft Kontakte und Freunde. Sie können zehn Jahre Ihre Freunde vernachlässigen und merken es noch nicht. Doch wenn Sie erst die Auswirkungen spüren, ist es zu spät. Die Einladungen zum Abendessen oder zum Klassentreffen bleiben aus.

Dabei sind gute Freunde so wichtig und eine echt Hilfe in Krisenzeiten. Neben der Familie ist das der wichtigste Bereich, aus dem Sie Stärkung, Rückendeckung und ein Stück Trost und Zuversicht erhalten können.

Wo vernachlässigen Sie einen wichtigen Lebensbereich?

Denkanstoß 9: Vernachlässigte Lebensbereiche

Was können Sie nächste Woche tun, um dieses Defizit auszugleichen?

Denkanstoß 10: Schritte gegen das Defizit

▶ **Prüfen Sie wöchentlich, ob Sie nicht wichtige Lebensbereiche vernachlässigen!**

1.8. Zusammenfassung

1. Beachten Sie die sieben Phasen einer Krise!
2. Überbetonen Sie auch in schwierigen Zeiten nicht den Beruf!
3. Lieber ein Ende mit Schrecken als ein Schrecken ohne Ende!
4. Befassen Sie sich mit dem Sinn Ihres Lebens!
5. Behalten Sie auch in einer Krise Ihre Stärken im Blick. Wagen Sie neue, kleine Schritte!
6. Halten Sie Ihre Erkenntnisse aus Krisen fest!
7. Prüfen Sie wöchentlich, ob Sie nicht wichtige Lebensbereiche vernachlässigen!

Literaturempfehlungen

Günter F. Gross: Beruflich Profi, privat Amateur? Berufliche Spitzenleistungen und persönliche Lebensqualität. Landsberg am Lech: Moderne Industrie 1999.

Gordon MacDonald: Getrieben oder berufen? Hochheim: Projektion-J-Verlag 1988.

Einladung zum Umsetzen: Was möchten Sie ändern?

Aktivitäten	Termin	✓

Teil III Kapitel 2.

Souverän durch Coaching: Weiterkommen mit System

2.1. Entwickeln Sie Ihre Persönlichkeit im strapaziösen Alltag

Am Rande der Belastbarkeit

Ein Abteilungsleiter eines Maschinenbaukonzerns ist als „high potential" von der Personalabteilung eingestuft und soll dem Vorstand für Marketing nachfolgen. Er arbeitet aber schon jetzt täglich 16 Stunden und ist am Rande der Belastbarkeit. Er betreibt nur Krisenmanagement und seine Mitarbeiter leiden unter der Sprunghaftigkeit seines Arbeitsstils. Kann ihm ein Coach weiterhelfen und ihn auf seine strategischen Aufgaben vorbereiten?

Ein erfolgreicher Apotheker möchte aus dem Alltagstrott heraus und sucht eine neue Herausforderung. Ihm schweben Alternativen vor, die im Bereich der Weiterbildung und Gesundheitsvorsorge liegen. Kann ihm der Coach bei dieser wichtigen Frage einer neuen beruflichen Orientierung entscheidende Impulse geben?

Coaching: sicher und schnell ans Ziel kommen

Der Begriff des Coaching kommt ursprünglich vom Englischen Coach, das heißt Kutsche oder Kutscher. Der Kutscher hat die Aufgabe, die Pferde sicher und schnell ans Ziel zu lenken. Diese Bedeutung, jemanden sicher und schnell an sein Ziel zu lenken, hat der Begriff bis heute erhalten (vgl. König und Volmer 2002, S. 9).

Sie kennen Coaching sicher aus dem Sport. Der Trainer ist zum Coach geworden. Das ist allerdings nicht nur ein begrifflicher Wechsel, sondern auch ein inhaltlicher: Während der Trainer einen Sportler dabei unterstützt, seine Fähigkeiten zu entwickeln, bearbeitet der Coach daneben auch persönliche Themen.

Erfolg entsteht im Kopf

Die Erfahrung zeigt, dass der Erfolg des Betreffenden nicht nur von seinen Fertigkeiten, sondern auch von seiner Einstellung abhängt. „Was traue ich mir zu?" „Bin ich davon überzeugt, dass ich es schaffe?" „Wie gehe ich mit Erfolgen und Misserfolgen um?" Coaching ist somit die Unterstützung des Sportlers nicht nur in Bezug auf seine sportlichen Fähigkeiten, sondern ebenso mit Bezug auf seine Einstellungen, Befürchtungen, Ängste, Zweifel und Hoffnungen. Ivan Lendl hat es einmal so zusammengefasst: „Ein Spiel wird nicht auf dem Rasen verloren, sondern im Kopf!"

Der Begriff wurde dann in den 80er Jahren auf die Wirtschaftswelt übertragen. Der Coach hat die Aufgabe, eine Führungskraft, einen Projektleiter, einen Fachexperten oder auch Mitarbeiter und Teams darin zu unterstützen, schnell und sicher bestimmte Ziele zu erreichen (vgl. Weßling u.a. 1999, S. 30ff.).

Für die Ausweitung des Begriffes dürften drei Faktoren maßgeblich gewesen sein:

Das Wissen ist entscheidend

- Entscheidend für den Erfolg eines Unternehmens ist in zunehmendem Maße das Wissen der Mitarbeiter und weniger die Technik. Unternehmen leben von der Kompetenz der Mitarbeiter. Ein hoch spezialisierter Fachexperte der IT-Branche lässt sich nicht einfach ersetzen. Er verlangt Freiraum für seine Kompetenz. Das erfordert ein anderes Führungsverhalten: weniger Anweisung und Kontrolle, mehr Unterstützung und Coaching.

Neue Lösungsmöglichkeiten entdecken

- Unternehmerische Situationen und Entscheidungen werden zunehmend komplexer und lassen sich weniger umfassend analysieren und steuern. Zahlreiche Faktoren sind gleichzeitig zu berücksichtigen. Es besteht die Gefahr, wichtige Aspekte außer Acht zu lassen. Coaching ist hier Unterstützung, eine Situation klarer oder aus einer anderen Perspektive zu sehen und damit neue Lösungsmöglichkeiten zu entdecken.

Relevanz für die Praxis

- Klassische Trainingsmaßnahmen haben oft den Nachteil, dass die Umsetzung in den Berufsalltag scheitert. Coaching geht immer auf die konkreten Situationen ein und ist damit direkt in der Praxis.

Daher kann Coaching noch universaler definiert werden als ein personenbezogener Beratungs- und Betreuungsprozess, der berufliche und private Inhalte umfassen kann und zeitlich begrenzt ist (vgl. Rauen 2001, S. 64).

In welchen beruflichen oder persönlichen Bereichen könnte Ihnen ein Coach helfen?

Denkanstoß 1: In welchen Bereichen könnte Ihnen ein Coach helfen?

▶ **Ein Coach unterstützt zeitlich begrenzt und zielorientiert Ihre Persönlichkeitsentwicklung.**

2.2. Finden Sie den richtigen Coach

Die Suche nach dem richtigen Coach

Ein fachlich guter Mitarbeiter macht Ihnen laufend Schwierigkeiten: In Besprechungen widerspricht er oft unsachlich, er stellt Ihre Entscheidungen in Frage und erzeugt eine negative Stimmung in der Abteilung. In Einzelgesprächen haben Sie schon vergeblich versucht, die Ursache des Problems herauszufinden. Sie suchen Unterstützung in dieser Situation. Bevor Sie mit der Auswahl des geeigneten Coach beginnen können, müssen Sie zunächst einige grundsätzliche Punkte zum Coaching verstehen. Sie müssen erst klären, *was* Sie wollen bzw. *was* Sie brauchen, bevor Sie fragen, *wen* Sie brauchen.

Der Coach als Prozessberater

Eine Bereichsleiterin fühlt sich im Kreise ihrer Bereichskollegen unsicher. Aufgabe des Coach ist es hier zunächst, die Bereichsleiterin zu unterstützen, sich klar zu werden, was diese Unsicherheit ausmacht. Der Coach ist hier *Prozessberater,* der nicht die „richtige" Lösung weiß. Zum Beispiel kann er dies durch geeignete Fragen erreichen. Die Prozessberatung unterstützt die Klientin bzw. den Klienten dabei, sich seiner Situation klar zu werden und neue Lösungen zu finden.

Der Coach als Experte

Expertenberatung bedeutet demgegenüber, dass der Coach als Experte Anregungen für die Problemlösung gibt. Der Coach nennt als Kommunikationsexperte konkrete Ursachen und Lösungen. Oder er gibt auf der Grundlage seiner Erfahrungen Hinweise, wie er das Problem angehen würde.

In der Praxis sollte ein Coach beides beherrschen. Er muss prozesserfahren sein, er muss sich zurückhalten können und darf seine Meinung nicht dem Klienten überstülpen – sonst setzt der Betroffene die Lösung nur halbherzig um.

Der Coach muss neutral sein

Das Coaching unterstützt eine Führungskraft, selbst die richtige Entscheidung zu treffen – es nimmt ihr aber nicht die Entscheidung ab. Das setzt voraus, dass der Coach gegenüber der Thematik und gegenüber dem Klienten neutral ist und keine eigenen Interessen verfolgt. Ein Coach kann nicht im selben Projekt mitarbeiten wie sein Klient – das führt zu Interessenskonflikten. Ein Coach muss auch akzeptieren können, dass sein Vorschlag nicht angenommen wird. Das führt zu der Alternative: externer oder interner Coach.

Vorteile des externen Coach

Ein externer Coach wird in der Regel neutraler sein. Der Klient wird sich ihm gegenüber leichter öffnen. Bereits nach kurzer Gesprächszeit kommen oft Eheprobleme oder schon lang gehegte Wünsche ans Tageslicht – als interner Coach würde man das nie erfahren.

Vorteile des internen Coach

Der interne Coach jedoch, in der Regel ein Mitarbeiter der Personalabteilung, kennt die Firma mit all ihren Besonderheiten viel besser. Er weiß um die Geschichte, die Traditionen, die informellen Wege und Beziehungen und kennt die Personen. Er verfügt über eine hohe „Systemkompetenz". Als Externer kann man sich diese aber durch hausinterne Trainings, Branchenerfahrung oder durch länger dauernde Cochingprozesse erwerben.

Hilfe zur Auswahl des richtigen Coach

Folgende Fragen können Ihnen bei der Auswahl helfen (vgl. König und Volmer 2002, S. 22):

- Wieweit verfügt der Coach über *Prozess-Kompetenz*, das heißt ist er in der Lage, den Coachingprozess zu steuern? Eine psychologische Ausbildung oder entsprechende Berufserfahrung können hier hilfreich sein.
- Wieweit ist der Coach *Experte* zu bestimmten *Themen*, wie beispielsweise Arbeitstechniken, Projektmanagement, Kommunikation, IT oder Marketing? Eine einschlägige Ausbildung und eigene Führungserfahrung sind ohne Zweifel von Vorteil.
- Wieweit verfügt der Coach über *Systemkompetenz*, das heißt kennt er die Sprache und Kultur, kann einschätzen, welche Vorgehensweisen in dem jeweiligen sozialen System mehr oder weniger aussichtsreich sind? Erfahrungen im Unternehmen oder der Branche erleichtern den Einstieg.
- Wieweit ist der Coach neutral in dem Sinne, dass er in seiner Arbeit mit dem Klienten nicht durch Sympathie oder Antipathie behindert wird, nicht von dem Problem betroffen ist und kein Interesse an der Durchsetzung einer bestimmten Lösung hat?

Der falsche Coach

Klären Sie diese Punkte in einem Erstgespräch und vereinbaren Sie zunächst nur zwei Sitzungen. Entscheiden Sie dann erst über eine weitere Zusammenarbeit.

▶ **Ein Coach muss sympathisch, kompetent und neutral sein.**

2.3. Durchlaufen Sie die vier Phasen eines Coaching-prozesses

Obwohl Coaching ein freiwilliger Prozess ist, sind die Betroffenen am Anfang oft unsicher und haben viele Fragen: „Was erwartet mich hier?“ „Um welche Themen soll es gehen?“ „Wie läuft das ab?“

Das Ziel: eine Lösung finden

Ziel eines jeden Coachinggespräches ist es, eine Problemlösung zu erreichen. Wobei das auch heißen kann, die eigene Position zu klären oder einfach auch besser zu werden. Ein Problem ist dadurch gekennzeichnet, dass es eine Ausgangssituation gibt, ein Ziel, das erreicht werden soll, und dass Möglichkeiten zur Erreichung des Ziels zu diskutieren sind.

Der Problemlösungsprozess im Coachinggespräch kann in vier Phasen gegliedert werden (vgl. König und Volmer 2002, S. 34):

1. Die Orientierungsphase

Ein Gespräch braucht Ruhe

Stellen Sie sich innerlich und äußerlich auf das Gespräch ein. Wählen Sie einen ungestörten Raum. Nehmen Sie sich vor dem Gespräch eine halbe Stunde Zeit, um zur Ruhe zu kommen. Für das Gespräch sind die Themen festzulegen. Eventuell können sich Themen aus Vereinbarungen früherer Gespräche ergeben oder aus dem, was sich seit dem letzten Gespräch ereignet hat.

Ziele festlegen

Dann sollten Sie gemeinsam das Ziel festlegen: Was möchten Sie als Ergebnis nach Abschluss des Gespräches mitnehmen? Erwarten Sie vom Coach, dass er in erster Linie Ihr „Sparringpartner“ ist oder soll er Ihnen als Experte konkrete Vorschläge machen? Es bewährt sich häufig, dass Sie zunächst die Situation schildern, Sie dann gemeinsam Möglichkeiten sammeln und diese bewerten, aber Sie dann abschließend selbst entscheiden, was Sie umsetzen wollen.

2. Die Klärungsphase

Problem abgrenzen

Ziel der Klärungsphase ist es, eine gegebene Situation oder ein Problem genauer zu definieren. Damit ist die Klärungsphase Grundlage für jede Problemlösung. Der Coach muss nicht jedes Detail verstehen. Wichtig ist nur, dass Sie selbst Klarheit über die gegenwärtige Situation haben. Das beinhaltet unter Umständen auch die Klärung der Vergangenheit und möglicher Konsequenzen. Wie kam es dazu? Welche Faktoren haben aus Ihrer Sicht zu dem Problem geführt? Was ist erreicht, was nicht? Was meinen Sie, wird passieren? Was passiert, wenn sich nichts verändert? Ihr Coach muss vor allen Dingen erst einmal zuhören können, sonst ist er der falsche Mann oder die falsche Frau!

3. Die Veränderungsphase

Möglichkeiten erkunden

Zielsetzung der Veränderungsphase ist es, neue Lösungsmöglichkeiten zu finden. Das heißt, es werden konkrete nächste Schritte gesucht. Schildern Sie zunächst, was Sie bisher schon selbst versucht haben. In der Regel gibt es eine Geschichte vergeblicher Lösungsversuche. Die können meistens für weitere Überlegungen ausgeklammert werden. Sammeln Sie jetzt gemeinsam neue Lösungsmöglichkeiten, am besten nach der Brainstorming-Methode. Also diskutieren Sie nicht die Ideen, sondern sammeln Sie die Möglichkeiten – auch wenn diese noch so verrückt klingen mögen.

Folgende Fragen können Anstöße geben: Haben Sie in der Vergangenheit ähnliche Situationen erfolgreich bewältigt? Gab es eine Situation, in der das Problem nicht auftrat? Was könnten Sie tun, um das Problem zu vergrößern? Das Gegenteil könnte dann die gesuchte Antwort sein.

Möglichkeiten bewerten

Am Ende bewerten Sie die Handlungsalternativen. Wo liegen Chancen und Risiken für Sie? Hier kann Sie der Coach als Experte unterstützen, aber nur Sie haben die Innensicht Ihrer Firma, nur Sie haben die eigentliche „Systemkompetenz".

4. Die Abschlussphase

Ergebnisse festhalten

Der Coachingprozess braucht einen eindeutigen Abschluss: Das Ergebnis muss festgehalten werden, es sind nächste Maßnahmen zu planen und mögliche Vereinbarungen zu treffen. Was nehmen Sie als Ergebnis mit? Aber auch wenn für die Situation keine Lösung gefunden wurde, was bedeutet das für Sie? Es ist besser, Sie akzeptieren eine Wand vor sich, als dass Sie fortwährend mit dem Kopf dagegen rennen.

Einladung zum Umsetzen: Entwickeln Sie zu Beginn des Coaching einen Handlungsplan. Legen Sie Ihr Vorgehen fest: Was ist der erste, was der nächste Schritt?

▶ **Gehen Sie systematisch und zielorientiert beim Coaching vor!**

2.4. Nutzen Sie Coaching für mehr Selbstorganisation

Einzelcoaching

In einem mittelständischen Bauunternehmen hatte ich die Aufgabe, etwa hundert Bauleiter in Fragen des Selbst-, Zeit- und Zielmanagements zu schulen. Am Ende der jeweils zweitägigen Veranstaltung hatte ich angeboten, bei der Umsetzung in den Berufsalltag behilflich zu sein: „Einzelcoaching am Arbeitsplatz" wurde das genannt.

Den Gesichtsausdruck meines ersten „Patienten" am Ende des Coaching werde ich nie vergessen. Wir hatten in einer gemeinsamen Aktion seinen Schreibtisch aufgeräumt, die ungeklärten Fälle überwiegend entschieden, etliche Telefonate geführt, Aufgaben delegiert und vieles einfach weggeworfen. Wenigstens zwanzig Mal musste der Mülleimer geleert werden. Aber dann war es geschafft: Der Schreibtisch war wieder frei! Im Laufe der folgenden Wochen kamen tatsächlich alle Bauleiter und wollten ebenfalls Einzelcoaching am Arbeitsplatz.

Der Coach hilft beim Umsetzen

Inhaltlich wurde kaum Neues besprochen. Das Geheimnis lag im konsequenten Umsetzen der Seminarinhalte. Viele Seminarteilnehmer haben nämlich erhebliche Umsetzungsprobleme. Sie finden keinen Einstieg. Das liegt oft an den überhäuften Schreibtischen, an der Menge der Aufgaben, die vor sich her geschoben werden oder an der fehlenden Selbstdisziplin beim Erledigen der Aufgaben. Die fehlende Schriftlichkeit in der persönlichen Planung verhindert Übersicht und damit fehlt auch die Voraussetzung, Prioritäten neu zu setzen.

Einzelcoaching ergänzt Seminare

Der Aufschrei der Seminarteilnehmer bei neuen Erkenntnissen heißt eigentlich: „Wie fange ich an?" Diese Frage kann der Seminarteilnehmer einer klassischen Weiterbildung oft nicht beantworten. Hinzu kommt, dass allgemeine Lösungen dem Einzelnen nicht immer weiterhelfen. Einzelcoaching ermöglicht individuelle Lösungsansätze, die auch sofort umgesetzt werden.

Ein weiterer Vorteil ist, dass der Coach mit dem Klienten direkt am Arbeitsplatz üben kann. Der Coach stärkt durch seine Anwesenheit die Selbstdisziplin. In der Startphase ist das eine Hilfe. Auf die Dauer muss der Klient allerdings alleine mit dem Problem fertig werden.

So könnte der Ablauf eines eintägigen „Expertencoaching“ zum Thema Selbst-, Zeit- und Zielmanagement aussehen:

Probleme besprechen

1. Einstieg: Beschreibung des Selbstverständnisses des Klienten. In einem Gespräch werden die wichtigsten Aufgaben und aktuellen Probleme analysiert.

Zeitverhalten untersuchen

2. Dann wird mithilfe eines Tests das Zeitverhalten untersucht (das Time-Mastery-Profil oder das DISG Persönlichkeitsprofil light – erhältlich über www.DISG.de – eignen sich hervorragend hierfür). Es folgt die Auswertung der Ergebnisse durch den Coach. Als Hauptmängel stellen sich immer wieder heraus: Unklare Ziele, mangelnde Aufgaben- und Tagesplanung, geringes Selbstbewusstsein im Durchsetzen der eigenen Interessen sowie fehlende Entscheidungsfreude.

3. Jetzt werden die persönlichen Ziele – nach Lebensrollen und Vitalbereichen getrennt – ausgearbeitet und mit eventuell vorhandenen Zielvereinbarungen abgeglichen (vgl. I 2.).
4. Der Klient muss sich nun für ein Planungssystem entscheiden (beispielsweise Outlook, Lotus Notes, PDA oder ein Zeitplanbuch). Der Coach gibt eine kurze Einweisung in die Termin- und Aufgabenerfassung (vgl. II 1.).

Vorgänge abarbeiten

5. Die unerledigten Vorgänge werden mithilfe des Coach abgearbeitet: Erledigen, Wegwerfen, Erfassen und Terminieren. In einem halben Tag können bis zu 250 Vorgänge auf dem Schreibtisch bearbeitet werden. Erfahrungsgemäß können nur acht bis zwölf nicht sofort erledigt werden. Der wichtigste Grundsatz lautet dabei: „Jedes Blatt/E-Mail nur einmal in die Hand nehmen!“ Das müssen Sie einüben und lernen.

Ordnung schaffen

Zwei weitere Problembereiche sind regelmäßig anzutreffen. Zum einen das E-Mail-Posteingangsfach, in dem oft über tausend Mails mehr oder weniger unerledigt liegen. Leeren Sie das Fach konsequent. Zum anderen ist es die Wiedervorlage von Papier. Hier bewährt sich das Mappei-System mit den Stehsammelordnern als einfaches und übersichtliches Verfahren (vgl. www.mappei.de).

Der Coach gibt Anregungen, wie die Papier- und E-Mail-Flut beherrscht werden kann. Investieren Sie in die Ordnung Ihrer Papiere. Das amortisiert sich nach wenigen Tagen!

▶ **Nutzen Sie Coaching am Arbeitsplatz für individuelles Üben von neuen Gewohnheiten!**

2.5. Nutzen Sie Coaching bei wichtigen Entscheidungen

Im Leben kommt es immer wieder zu wichtigen Weichenstellungen. Diese Entscheidungen können über Jahre die berufliche und private Situation bestimmen. Bei solchen Entscheidungen lohnt es sich, Zeit und Geld in ein Coaching zu investieren. Was Sie als Führungskraft für Strategie- und Veränderungsprozesse aufwenden, steht in keinem Verhältnis zum Aufwand, den Sie in persönliche Strategieentscheidungen stecken. Gehen Sie mit derselben Sorgfalt auch an Ihre persönliche Strategie heran.

Beispiel 1: Selbstständigkeit

Ein erfolgreicher Kaufmann möchte aus dem Großunternehmen aussteigen und sich selbstständig machen. Die fachliche Kompetenz ist zweifellos vorhanden, das Unternehmenskonzept stimmt – aber will er sich auch dem Dauerstress des Auftragbeschaffens, der Unsicherheit, ob am Ende des Monats auch etwas auf dem Konto ist, aussetzen? Ist der Familie die Spannung zuzumuten, und trägt der Ehepartner die Entscheidung mit? Hier kann der Coach andere Sichtweisen deutlich machen und damit unangenehmen Überraschungen vorbeugen. Der Mann weiß in diesem besonderen Fall am Ende, dass sein Platz im Unternehmen ist.

Beispiel 2: Arbeitsplatz wechseln

Ein Pfarrer ist in der Gemeinde unglücklich. Die Dauerauseinandersetzung mit dem Kirchenvorstand raubt ihm zunehmend die Motivation. Er möchte in die Leitung eines Kinderheimes wechseln. Ist es nur Flucht aus der jetzigen Problemsituation oder wirklich Berufung für diese neue Aufgabe? Das Gespräch und vor allem die Fragen des Coach bringen ihm Klarheit, und er geht mit großer Sicherheit diesen mutigen Schritt.

Beispiel 3: Erbe

Ein junges Paar hat einen alten Herrensitz in Frankreich geerbt, der sich hervorragend für Jugend- und Kinderarbeit eignet. Sollen sie sich ihren Lebenstraum erfüllen, ihre Berufe aufgeben und sich ganz der Kinderarbeit widmen? Trägt sich das Konzept auch wirtschaftlich? Wird es ihnen auch noch Freude machen, wenn vieles vom Berufsalltag und der Verwaltungsarbeit bestimmt ist? Nach einem längeren Coaching-Prozess wird das Grundstück an eine diakonische Einrichtung verkauft.

Beispiel 4: Karriere

Ein Abteilungsleiter hat die Chance, Bereichsleiter zu werden. Soll er diesen Karriereschritt gehen und damit noch weniger Zeit für die Familie haben? Falls er sich dagegen entscheidet: Wird er den Rest seines Lebens diesem Verzicht nachtrauern und der Familie indirekt die Schuld an der gescheiterten Karriere geben? Der Mann entscheidet sich bewusst für die Familie und hat den Schritt nicht bereut.

Drei Hilfen zur Orientierung

Für den Ablauf des persönlichen Strategie-Coaching gibt es kein Schema, aber eine Orientierung an allgemeinen Strategieprozessen ist hilfreich.

Situation analysieren

1. Zunächst müssen Sie mit dem Coach den Gegenstand der Strategieberatung klären. Im nächsten Schritt führen Sie mit dem Coach eine *Ist-Analyse* in Bezug auf Ihre individuellen Stärken und Schwächen durch. Welche Umweltfaktoren sind zu beachten? Welche Interessen sind bei der Entscheidung zu berücksichtigen? Und vor allem überlegen Sie, welche Chancen und Risiken in den von Ihnen geplanten Alternativen liegen.

Vision finden

2. Erstellen Sie eine *Vision,* das heißt ein Idealbild Ihrer Zukunft. Wie soll Ihre persönliche und berufliche Situation in fünf oder zehn Jahren aussehen? Entwickeln Sie dann klare Ziele aus dieser Vision. Formulieren Sie Zwischenziele für das kommende Jahr.

Aktionsplan erstellen

3. Die Strategie muss umgesetzt werden. Sie prüfen, welche Möglichkeiten vorhanden sind, und entscheiden sich für die Schwerpunkte der zukünftigen Arbeit. Erstellen Sie schließlich einen *Aktionsplan:* Was muss bis wann getan werden?

Ein Coach wird bei solchen Weichenstellungen zuerst einmal Prozessberater sein, der Ihnen hilft, selbst Klarheit und Sicherheit über das eigene Vorhaben zu entwickeln. Wenn er über genügend eigene Lebenserfahrung verfügt, kann er Ihnen auch als „Experte" Anregungen geben.

▶ **Nutzen Sie Coaching bei wichtigen Weichenstellungen in Ihrem Leben!**

2.6. Nutzen Sie Coaching bei Konflikten

Beispiel 1: Neuer Mitarbeiter

Ein neuer Mitarbeiter übernahm die Leitung der Abteilung. Die langjährige Stellvertreterin fühlte sich übergangen. Nach wenigen Wochen musste sich jede Mitarbeiterin, jeder Mitarbeiter entscheiden, auf welcher Seite er bzw. sie steht. Das Arbeitsklima wurde frostig, die Fähigkeit zur Innovation ging auf Null, die Produktivität verschlechterte sich zusehens.

Beispiel 2: Mobbing

Eine Teamleiterin wurde von ihrem Vorgesetzten gemobbt. Sie konnte keine Entscheidung treffen, an der er nicht herumnörgelte. Da sie zwei kleine Kinder hatte, erschien sie nicht immer auf die Minute pünktlich. Der Vorgesetzte aktualisierte die Statistik des Zu-spät-Kommens täglich an seiner Tür. Beim geringsten Widerstand der Teamleiterin wies er immer nur auf die Statistik hin und erstickte jeden Widerstand im Keim.

Definition Konflikt

Soziale Konflikte liegen dann vor, wenn zwei Personen oder Gruppen sich gegenseitig beeinflussen und versuchen, ihre scheinbar oder tatsächlich unvereinbaren Handlungsweisen durchzusetzen und sich die Parteien ihrer Gegnerschaft bewusst sind (vgl. König und Volmer 2002, S. 108ff.).

Beziehungskonflikte

Bei den Konfliktarten können Ziel-, Beurteilungs- und Beziehungskonflikte unterschieden werden. Die Praxis zeigt aber, dass im Grunde fast jeder Konflikt auf einen Beziehungskonflikt zurückzuführen ist. Die Beziehungen spielen sich dabei auf zwei Ebenen ab: Auf der Verhaltensebene werden Konflikte in konkreten Verhaltensweisen, wie zum Beispiel Anschreien oder gegenseitigem aus dem Weg Gehen, sichtbar.

Die persönliche Wahrnehmung beeinflusst Konflikte

Auf der kognitiven Ebene bestimmen Gedanken und Gefühle, also die individuelle Wahrnehmung und Deutung, die Entwicklung des Konfliktes. Dementsprechend kann auch der Coach einerseits Lösungen auf der *Verhaltensebene* und andererseits auf der *Ebene subjektiver Deutung* forcieren.

1. Konfliktlösungen auf der Verhaltensebene

Das bisherige Verhalten, das sich gegenseitige Aufschaukeln, muss verändert werden. Wie kann der Teufelskreis durchbrochen werden? Was kann anders gemacht werden? Möglichkeiten, wie dieses

„anders“ aussieht, kann der Coach mit dem Klienten entwickeln: Zunächst zuhören, statt sofort anzugreifen. Nachfragen, was der andere meint. Den Konflikt genauer eingrenzen und fragen, worum es eigentlich geht.

2. Konfliktlösungen auf der Ebene subjektiver Deutung
Konflikte können nicht nur dadurch gelöst werden, dass eine Person ihr Verhalten ändert und etwas „anderes“ tut. Konflikte können auch gelöst werden, wenn sich die Einstellung ändert.

Veränderte Wahrnehmung löst Konflikte

Ein Mitarbeiter klagt, dass sein Chef ihn nie beachtet und kaum mit ihm spricht. Er glaubt, dass der Vorgesetzte etwas gegen ihn hat. Auf dieser Basis kommen für ihn nur zwei Möglichkeiten in Betracht: Kämpfen oder sich zurückziehen. Der Coach kann in dieser Situation eine neue Sichtweise vermitteln. Der Vorgesetzte ist einfach überlastet. Der Mitarbeiter kann plötzlich Verständnis entwickeln, den Vorgesetzten vielleicht unterstützen oder sich zumindest nicht von der Stimmung des Vorgesetzten stören lassen. Auf dieser Ebene der Konfliktlösung lassen sich beim Coaching oft schnell Verbesserungen erreichen.

Neue Motivation für die Konfliktlösung

Die wesentliche Aufgabe des Coach ist es, Mut zu machen und neu zu motivieren, damit die Konfliktparteien überhaupt wieder bereit sind, nach einer Lösung zu suchen. Es macht auch Sinn, ein Gespräch mit allen Beteiligten zu führen. Der erste Schritt sollte aber Einzelcoaching sein, um die Möglichkeiten besser auszuloten und Kompromisse vorzubereiten. Die Entscheidungen am Ende eines Zweiparteiengespräches werden schriftlich festgehalten, um mehr Verbindlichkeit zu erzielen.

▶ **Suchen Sie bei Konflikten Lösungen auf der Verhaltensebene und der Ebene subjektiver Deutung!**

2.7. Nutzen Sie Coaching bei Sinnfragen und Lebenskrisen

Es ist spät am Abend. Manfred Müller (Name geändert) sitzt alleine an seinem Schreibtisch in der Firma. Nach der Software-Umstellung in seinem Unternehmen vor einem halben Jahr gibt es endlich aussagekräftige Zahlen über die aktuelle Entwicklung. Das Ergebnis ist katastrophal. Was er längst vermutet hat, ist eingetreten: Die Firma wird über kurz oder lang vor der Insolvenz stehen.

Einsam in schweren Zeiten

Manfred Müller denkt nach: Vor über einhundert Jahren haben seine Vorfahren dieses Unternehmen gegründet. Ganze Generationen des Ortes fanden hier Arbeit. Und nun das Ende. Er ist gescheitert. Was soll er machen? Sich vor die Belegschaft stellen und sagen: „Das war's"? Und zu Hause? Seiner Familie gegenüber?

Wäre es nicht gut, Sie wüssten jemanden, an den Sie sich in so einer schweren Situation wenden könnten? Es sind ja nicht allein die wirtschaftlichen Schwierigkeiten, mit denen Sie in vergleichbaren Lagen fertig werden müssen. Es sind die damit einhergehenden seelischen Belastungen, die innere Zerrissenheit und die ganze Sinnlosigkeit, mit denen Sie zu kämpfen haben.

Der Glaube als Chance

Herr Müller hat in all den Jahren seine religiöse Seite vernachlässigt. Dunkel erinnert er sich noch an seinen Konfirmandenunterricht: „Gott steht auf der Seite der Schwachen, der Gescheiterten und der Ausgestoßenen." Ja, so einen Gott könnte er jetzt gebrauchen. Aber er kennt nicht einmal einen Pastor oder Priester mit Namen. An wen sollte er sich wenden? Er spürt aber genau, dass er Hilfe braucht. Alleine wird er mit dem Scheitern nicht fertig. Vielleicht ist der Glaube die letzte Chance für ihn.

Beratungsangebot der evangelischen Kirche

Spiritual Consulting heißt ein neues Angebot der evangelisch-lutherischen Landeskirche Hannovers. Das Angebot hat einen theologisch-seelsorgerlichen Hintergrund. Über die Fragen des wirtschaftlichen Handelns hinaus wird Ihnen hier eine Möglichkeit geboten, die religiöse Dimension des eigenen Lebens wieder neu ins Gespräch zu bringen. Dahinter steht die Sichtweise, dass der Mensch mehr ist als der Funktionsträger eines Berufes, seines Unternehmens oder seiner Bezugspersonen. Er ist Geschöpf Gottes mit einer himmlischen Würde. Diese religiöse Dimension öffnet Fragen nach dem Sinn, dem Ziel des Lebens, aber auch nach Schuld, Vergebung und Neuanfang – gerade nach einem gescheiterten Berufs- oder Eheleben. Diese Seite in Ihrem Leben sorgt sich nicht nur für die Bilanz der Zahlen, sondern auch für die Bilanz der Seele.

Kirchen haben Führungskräfte bisher eigentlich nicht auf dem Plan gehabt. Umso erfreulicher ist es, dass es jetzt einige Initiativen auf diesem Gebiet gibt. Weitere Informationen zu diesen neuen Projekten der Kirchen erhalten Sie bei dem Arbeitskreis evangelischer Unternehmer (AEU, www.aeu-online.de) und bei Pastor Peer Schladebusch, Ev. Landeskirche Hannover (peerschladebusch@t-online.de).

Erfolg allein erfüllt nicht

Interessanterweise kommen auch sehr erfolgreiche Menschen an den Punkt, wo sie sich fragen: „Wozu das alles? Was ist der Sinn meines Lebens?“ Nämlich dann, wenn sie den Gipfel erreicht haben, innehalten und zurückblicken: Auf der Vorstandsebene angekommen – und plötzlich ist kein Karriereziel mehr da; ein erfolgreiches Unternehmen gebaut – aber kein Nachfolger in Sicht; zum Kommandierenden General befördert – aber die Ehefrau hat längst einen anderen. In diesen Situationen spüren auch sehr erfolgreiche Führungskräfte, dass der berufliche Erfolg alleine nicht „selig macht“.

Spüren Sie die geistliche Dimension Ihres Lebens auf

Es ist nie zu spät, sich um seine Seele zu kümmern, sich mit wichtigen Lebensfragen auseinander zu setzen. Suchen Sie für diese Gespräche einen Coach. Das kann ein Pastor oder Priester sein, ein erfahrener Berater oder einfach ein guter Freund – wenn Ihnen der Berufsstress noch einen gelassen hat. Sie werden sich wundern, was Sie alles entdecken können.

Mit wem und wann können Sie ein seelsorgerliches Gespräch führen?

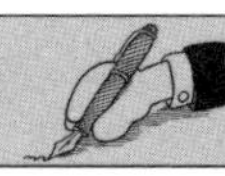

Denkanstoß 2: Seelsorgerliche Gespräche

▶ **Kümmern Sie sich um die religiöse Dimension in Ihrem Leben!**

2.8. Zusammenfassung

1. Ein Coach unterstützt zeitlich begrenzt und zielorientiert Ihre Persönlichkeitsentwicklung.
2. Ein Coach muss sympathisch, kompetent und neutral sein.
3. Gehen Sie systematisch und zielorientiert beim Coaching vor!
4. Nutzen Sie Coaching am Arbeitsplatz für individuelles Üben von neuen Gewohnheiten!
5. Nutzen Sei Coaching bei wichtigen Weichenstellungen in Ihrem Leben!
6. Suchen Sie bei Konflikten Lösungen auf der Verhaltensebene und der Ebene subjektiver Deutung!
7. Kümmern Sie sich um die religiöse Dimension in Ihrem Leben!

Literaturempfehlungen

Eckard König und Gerda Volmer: Systemisches Coaching. Weinheim: Beltz 2002.

Christopher Rauen: Coaching. Innovative Konzepte im Vergleich. Göttingen: Verlag für Angewandte Psychologie 2001.

Einladung zum Umsetzen: Was möchten Sie ändern?

Aktivitäten	Termin	✓

Schlusswort: Dekalog der Souveränität

Papst Johannes XXIII. hatte mit sich selber immer Schwierigkeiten und er sagte sich immer: „Nimm dich nicht so wichtig." Damit er als Diplomat nicht immer ins Fettnäpfchen trat, formulierte er einige Vorsätze. Bekannt wurden sie als Dekalog der Gelassenheit.

1. Nur für heute werde ich mich bemühen, den Tag zu erleben, ohne das Problem meines Lebens auf einmal lösen zu wollen.
2. Nur für heute werde ich mich den Gegebenheiten anpassen, ohne zu verlangen, dass sich die Gegebenheiten an meine Wünsche anpassen.
3. Nur für heute werde ich etwas tun, wozu ich eigentlich keine Lust habe.
4. Nur für heute werde ich nicht danach streben, die anderen zu kritisieren oder zu verbessern – nur mich selbst.
5. Nur für heute werde ich in der Gewissheit glücklich sein, dass ich für das Glück geschaffen bin.
6. Nur für heute werde ich eine gute Tat vollbringen.
7. Nur für heute werde ich zehn Minuten meiner Zeit einem guten Buch widmen.
8. Nur für heute werde ich keine Angst haben.
9. Nur für heute werde ich ein genaues Programm aufstellen. Vielleicht halte ich mich nicht genau daran, aber ich werde es aufsetzen. Und ich werde mich vor zwei Übeln hüten: vor der Hetze und der Unentschlossenheit.
10. Nur für heute werde ich glauben – selbst wenn die Umstände das Gegenteil zeigen sollten –, dass Gott für mich da ist, als gäbe es sonst niemanden in der Welt.

Ich will mich nicht entmutigen lassen durch den Gedanken, ich müsste dies alles mein ganzes Leben lang durchhalten. Heute ist es mir gegeben, das Gute während zwölf Stunden zu wirken.

Papst Johannes XXIII.

Stichwortverzeichnis

Johannes Czwalina und Andreas Walker

Karriere ohne Sinn?

Der Manager zwischen Beruf, Macht und Familie

2. Auflage 1998, 189 Seiten
Taschenbuch, € 12,27
ISBN 3-930039-56-7

Nach der Flut von Ratschlägen für Aufstieg und Erfolg die den Buch- und Seminarmarkt überschwemmten, verdient das Buch von Czwalina und Walker besondere Aufmerksamkeit. Es zeigt, wo die Grenzen des Karriere- und Erfolgsstrebens liegen und wie Wege aus Krisen gefunden werden können.

Die beiden Autoren schöpfen aus einer reichen Praxis. Czwalina, von Beruf Theologe und Seelsorger, berät seit einigen Jahren Führungskräfte in der Wirtschaft. Walker, selbst im Bankgeschäft tätig, kennt die Probleme aus der eigenen betrieblichen Praxis.

Alles in allem ein trotz seiner leichten Lesbarkeit sehr nachdenklich stimmendes Buch. In herkömmlichem Sinne ist es kein Managementbuch. Vielmehr zeigt es am Berufsfeld des Managers zentrale Lebensfragen auf.

Friedrich Hanssmann

Humanisierung des Managements

Ein christlicher Standpunkt

1. Auflage 2001, 192 Seiten
Taschenbuch, € 15,-
ISBN 3-930039-16-0

Die zeitgenössische Managementliteratur ist zum Teil durchzogen von esoterischem Gedankengut im Gegensatz zur klassischen Betriebswirtschaftslehre, die sich wertneutral versuchte zu geben. Aber für den Manager gibt es keine neutralen Werte. Er hat Entscheidungen zu fällen, die andere Menschen existentiell treffen können. Er muss für seinen Betrieb, d. h. für Kunden, Mitarbeiter und Kapitalgeber das beste herausholen und gerät damit immer wieder in Konfliktsituationen.

Bei einem Manager ist es daher nicht unwesentlich, welchem Weltbild er nahe steht oder sich gar verpflichtet fühlt. Der bekannte Wissenschaftler Friedrich Hanssmann, der sich in seiner Forschungs- und Lehrtätigkeit vor allem auf Entscheidungstheorien konzentriert hat, zeichnet in diesem Buch die Grenzbereiche auf, dort wo eben mehr verlangt wird als ein aus quantitativen Daten sich ergebendes Kalkül.

RESCH-VERLAG
Maria-Eich-Str. 77 · D-82166 Gräfelfing · Tel. 089/85465-0 · Fax -11 · www.resch-verlag.com